中国人口与生殖健康蓝皮书

中国人口与生殖健康事业发展报告

（2014～2015）

马金龙 主编

山东大学出版社

图书在版编目(CIP)数据

中国人口与生殖健康蓝皮书 / 马金龙主编. -- 济南：山东大学出版社，2015.1

ISBN 978-7-5607-5228-0

Ⅰ. ①中… Ⅱ. ①马… Ⅲ. ①人口-问题-白皮书-中国②生殖医学-白皮书-中国 Ⅳ. ①C924.2 ②R339.2

中国版本图书馆CIP数据核字（2015）第031781号

责任策划：傅　侃
责任编辑：傅　侃
封面设计：张　荔
版式设计：黄志芊　高亚文

出版发行：山东大学出版社
社　址　山东省济南市山大南路20号
邮　编　250100
电　话　市场部（0531）88364466
经　销：山东省新华书店
印　刷：山东省英华印刷厂
规　格：787毫米×1092毫米　1/16　8插页
5.5印张　110千字
版　次：2015年1月第1版
印　次：2015年1月第1次印刷
定　价：28.00元

《中国人口与生殖健康蓝皮书》
编 委 会

目　录

序 言

2014年7月9日，在第25个“世界人口日”来临之际，由《齐鲁周刊》联合山东大学附属生殖医院发起主办的“人口与生殖健康论坛（济南）”在济南顺利召开，第九、十届全国人民代表大会教育科学文化卫生委员会委员、国家人口与计划生育委员会原副主任李宏规，中国人口学会原常务副会长、中国社会科学院学部委员、国家人口与计划生育委员会专家田雪原，中国医师协会副会长陆军，北京大学人口研究所教授裘丽君，著名生殖医学专家、国家辅助生殖与优生工程技术研究中心主任、山东大学副校长陈子江，国家辅助生殖与优生工程技术研究中心副主任、山东大学教授、博士研究生导师、山东大学附属生殖医院院长马金龙，中国人口学会理事、山东省人口与社会研究中心主任、山东大学哲学与社会发展学院副院长、人口学研究室主任宋全成，人口导报社社长樊祥钦，山东省人口协会会长、省人口与计划生育委员会原主任班开庆，山东大学附属生殖医院副院长耿玲，齐鲁周刊社副社长王胜军等相关行业专家学者及特邀嘉宾近百人参加了本次活动。

2014年7月11日，是第25个“世界人口日”，联合国人口基金会将主题确定为“投资于年轻人”，倡导家庭和社会保障青少年从青春期到成年安全、成功和健康的权利。国家卫生和计划生育委员会将中国宣传活动主题确定为：“弘扬婚育新风，共创健康幸福生活”。我国也出台了系列相关政策，不少家庭的生育计划随之重启。与此同时，一系列问题也随之而来：单独二胎政策对人口结构的影响，“高龄追生”现象将加大生殖缺陷概率，辅助生殖技术对人类生殖健康的意义，新闻传播对青少年生殖健康教育的影响，如何对青少年实施有效的生殖健康关爱，等等。带着上述疑问，《齐鲁周刊》联合山东大学附属生殖医院，在中国人口学会、中国医师协会以及山东大学的大力支持下，发起并主办了这次论坛活动。

在活动现场，马金龙先生首先代表活动主办方致辞，李宏规先生针对当前国家形势和我国人口与生殖健康现状进行了主题发言；田雪原先生、陈子江教授、樊祥钦先生，分别从不同角度分享了自己在人口和生殖健康领域的最新研究成果。

在圆桌论坛环节，陈子江教授、陆军教授、裴丽君教授、宋全成教授、樊祥钦先生，在济南电视台知名主持人李全伟的引导中，针对“单独二胎政策对中国人口的影响”“当前转基因食品是否安全”“如何保障青少年生殖健康的权利”等热点话题进行了观点交流和纵论。

新华社、中央电视台、中央人民广播电台、《人民日报》《光明日报》《大众日报》《齐鲁晚报》、山东电视台、济南电视台等40多家国内主流媒体受邀参加了这次论坛活动。

为使更多关心人口与生殖健康问题的专家学者和社会公众共享这次会议成果，“人口与生殖健康论坛（济南）”组委会将田雪原先生等特邀嘉宾在论坛上的学术报告和精彩发言进行了汇编，结集成本书出版。不足之处，还请指正。

《中国人口与生殖健康蓝皮书》编委会

2015年1月1日

▲“人口与生殖健康论坛（济南）”活动现场

▲“人口与生殖健康论坛（济南）”活动现场

▲ “人口与生殖健康论坛（济南）”活动现场

山大生殖
SDUIVF
齐鲁周刊
人口与生殖健康论坛（济南）
主办单位：齐鲁周刊社　山东大学附属生殖医院
中国医师协会

▲“人口与生殖健康论坛（济南）”活动现场

中国人口政策60年研究[①]

田雪原

①本文原载田雪原：《中国人口政策60年》，社会科学文献出版社2009年版，有删改。

作者简介：

田雪原，男，汉族，中国社会科学院学部委员、国务院学位委员会学科组成员、全国哲学社会科学规划人口学科组长、中国人口学会原常务副会长、中国社会经济文化交流协会副会长、国家人口与计划生育委员会专家委员、国际人口科学联盟（IUSSP）成员。自20世纪70年代以来，田雪原先生在人口发展战略、人口老龄化与社会保障、家庭经济与生育、人口与可持续发展等领域有独到见解和比较系统的研究成果，并参与论证和起草了中国的计划生育政策。

中华人民共和国成立60多年来，人口政策走过了艰难曲折的道路，成为一道“中国特色”的靓丽风景线。尽管人们对其认识和评价不尽相同，但是随着时间的推移，人口政策将被载入中华民族伟大复兴的史册，这是没有任何疑的。温故而知新，扬长而避短。总结过去、正视现实、面向未来，在科学发展观指导下，一个沿着合理人口政策走向、数量庞大而适度、质量不断提高、结构趋于合理的中国人口，正从东方地平线上向我们走来。

一、昨天：来自实践经验的启示

2009年是中华人民共和国成立60周年。60年斗转星移、沧桑巨变，其中人口的变动与发展展示了巨变的一角。60年来，中国人口和人口政策走过的道路并不平坦。特别是前30年历经艰难险阻，后30年的不同声音也始终不断，人口政策能够坚持下来，咬定“控制”不放松，实属不易。前不久，笔者收到了联合国经济和社会事务部、人口司寄来的《2008年世界人口》，它算得上对当前世界人口的最新估计。将该资料与20世纪50年代前期的情况相比较，世界人口发生显著变化，中国变化尤为惊人（参见表1、表2[①]）。

众所周知，关于中国人口数据的准确性争议颇多，特别是切实加强计划生育、严格控制人口增长30年来，赞同和反对的意见长期争执不下。有人说，中国实行计划生育少生育4亿多人；也有人说恐怕也就是2亿人左

①参见国家人口和计划生育委员会编：《中国人口和计划生育史》，中国人口出版社2007年版，第118页。

表1　　1950～1955年世界与中国人口变动比较

	世界	发达国家	发展中国家	中国
总和生育率（TFR）	5.02	2.84	6.17	6.22
出生率（%）	37.5	22.4	44.6	43.8
死亡率（%）	19.5	10.3	23.8	25.1
自然增长率（%）	18.0	12.1	20.8	18.7
60岁以上（%）	8.2	11.7	6.4	7.5
预期寿命（岁）	46.6	66.1	41.1	40.8

表2　　2008年世界与中国人口变动比较

	世界	发达国家	发展中国家	中国
总和生育率（TFR）	2.6	1.6	2.7	1.8
出生率（%）	20.0	11.0	22.0	14.0
死亡率（%）	8.0	10.0	8.0	7.0
自然增长率（%）	12.0	1.0	14.0	7.0
60岁以上（%）	11.0	21.0	8.0	12.0
预期寿命（岁）	68.0	77.0	66.0	73.0

右；有人不赞成“少生”的说法，认为“少生”是理论推导和按照假定生育模式计算的结果，并非真实的客观存在。笔者向来认为，中国控制人口增长取得的成绩是有目共睹的，而成绩的取得，一靠经济、社会发展，其为生育率的下降提供了稳步改善的客观基础；二靠贯彻落实计划生育基本

国策，是实行了旨在严格控制人口数量增长的人口政策的结果。我们不用各家拿出来可以说明自己论点的数据。俗话说“外来和尚好念经”——借助联合国的数据我们可以得出结论，中国人口转变取得了巨大成功，也是完全可以肯定的。联合国提供的表1和表2的几项人口数据，基本上也是符合实际的，中国部分的数据，同中国国家统计局的调查数据相当接近。

表1显示，20世纪前半叶中国属于典型的发展中国家人口类型：总和生育率、出生率、死亡率、自然增长率、预期寿命等指标与发展中国家处于同一水平，几乎完全一致；只有60岁以上老年人口比例高出1.1个百分点，但也比较接近。根据表2显示，到了2008年，中国不仅脱离了发展中国家人口变动类型，而且也拉开了同世界总体水平的距离，走到了接近发达国家人口类型。其中总和生育率最为明显，仅相当于世界总体水平的69.2%，发展中国家总体水平的66.7%，比发达国家高出0.2个百分点。其他如出生率、自然增长率、60岁以上老年人口比例、预期寿命等指标，均接近发达国家，而与世界发展中国家总体水平相去甚远。

为什么中国人口转变能够取得如此成绩？经济和社会的发展是基础，经济的持续发展和社会的不断进步，为人口转变营造了良好的社会环境。然而迄今为止，中国经济和社会发展大致同世界总体水平相当，与发达国家之间的差距仍显而易见，经济的发展和社会的进步，不足以令中国人口转变到目前的水平，其直接的原因不得不到制度和政策的层面去寻找。事实上，对中国1992年完成向低生育水平的转变，其后又在“转变后”人口道路上走过16个春秋，与中国卓有成效的人口政策的实施是密不可分的。如此，我们就应当弄清楚中国人口政策的昨天、今天和明天，科学地总结成功和不成功的经验，以求不断完善，促进健康发展。

这样的经验可以总结很多。如1973年中国计划生育领导小组成立以来的工作经验，可以归纳为“书记挂帅，全党动手，宣传教育，典型引路，加强科研，提高技术，措施落实，群众运动，持之以恒”，并在总结经验的基础上形成“36字方针”，成为指导当时人口计生工作的指针。[①]又如1979年四川省委、省政府总结计划生育工作的五条经验：一是“两种生产”一齐抓，将人口变动与经济发展联系起来；二是广泛开展宣传教育，保证控制人口增长工作的顺利进行；三是采取经济措施，调整在生育上面国家、集体和个人家庭的利益；四是在调查研究基础上，制定人口规划和不同时期的人口目标；五是加强队伍建设，抓好节育技术措施和科学研究。[②]这些具体的经验需要总结，关于人口政策制定和实施方面的基本经验，也需要总结并且需要深入一步的研究。总结新中国成立60年主要是改革开放以来30年人口和计生工作实践，最重要的就是人口政策的制定要遵循三条基本原则。

其一，实事求是，从实际出发原则。人口政策来自实践，人口政策的制定应当从实际出发，这是一条基本的原则。从总体上观察，60年来人口政策的制定，思路来自实践又反过来指导实践、服务实践，在这方面我们完成得较好。有没有不够实事求是的地方？笔者以为也是有的，明显的例

---

①参见国家人口和计划生育委员会编：《中国人口和计划生育史》，第118页。

②参见国家人口和计划生育委员会编：《中国人口和计划生育史》，第120页。

子是关于到2000年全国人口控制在12亿人以内目标的提出以及有关部门为此在生育政策上采取进一步收紧的一些做法。1980年9月25日，《中共中央关于控制我国人口增长问题致全体共产党员、共青团员的公开信》（以下简称为《公开信》）发表，正式提出到2000年全国人口控制在12亿人以内的目标，为此提倡一对夫妇只生育一个孩子。为了实现这一控制目标，各地制定了分阶段的控制目标，在人口政策上采取了进一步收紧的某些做法。实际上，到2000年全国人口控制在12亿人以内，即1980~2000年全国人口年平均增长率要控制在1.0%以内，年平均增加人口数量要控制在1000万人以内，这几乎是不可能的。事实上，人口自然增长率直至1998年才下降到1.0%以下，20世纪80年代平均为1.48%，90年代平均为1.04%，1998~2000年人口平均增长1.26%，年平均增长人数达到1403万人，超出原定目标许多。1980年中央人口座谈会曾经提出这一情况，但是当时也存在一种观点，认为将目标控制得高一点不会产生过多不良影响，只会促进工作的开展，获得更好的实际效果，座谈会便赞成了这一提法。但事实并非如此，以致后来有关部门不得不作出调整，由12亿人以内调整到12亿人左右。2000年，全国人口达到126743万人，超出原定目标6743万人。按照当时国务院领导“左右不过五”的要求，这恐怕也不是12亿人，而是12.5亿人左右了。

其二，滚动式人口预测，指标留有余地原则。人口政策为实现一定的人口目标服务，人口目标制定得是否科学，关系着政策的实施和实施的效果。未来的人口目标来自人口预测，除了一般的预测应有低位、中位、高位三种并倾向于中位预测的方案外，如果时间跨度较长，还应进行滚动式的预测。这一点，联合国的人口预测做得比较到位，它们每隔一定时间都会依据变化了的情况，适时作出新的、滚动式的调整预测。如联合国经济和社会事务部、人口司对世界和各个国家、地区所做的人口预测便符合这一模式，其分别在1998年所做的中位预测和2005年所做的中位预测基础上调整为84.63亿人、90.76亿人。之所以需要这样做，是基于对人口预测的认识。人口预测是依据一定的条件，主要是某总体人口规模，该总体人口的年龄别生育率、年龄别死亡率、预期寿命、人口迁移和流动等资料，按照生育率、死亡率、迁移和流动等不同的假设条件，预测未来人口数量、年龄结构等的变动。假设的条件是否符合实际，需要接受实践的检验。预测部门随着实际情况的改变而调整预测的起始条件，预测结果也随之改变，这是符合客观事物发展变化规律的，是科学的、合理的。实行滚动式人口预测，可以及时纠正原预测中所给定条件的偏差，作出新的更符合实际的预测，为人口政策的调整提供依据。

既然滚动式人口预测是科学的、合理的，人口规划目标特别是中长期规划目标的确定，就要留有余地，避免指标定得过死、打得过紧，给工作带来被动。前面提到的到2000年全国人口控制在12亿人以内的目标，只有下最大力气、把指标分解到各地并严格按照系统工程操作，才有可能完成。然而人口生产是鲜活的生命生产，不可能像物质资料生产那样丁是丁、卯是卯地生产，不留余地的计划指标是难以完成的。对于一个拥有占世界1/5人口的大国来说，人口计划指标要留有余地，也是一条基本的原则。

其三，阶段性与长期性相结合，保持政策的连续性原则。制定现实的人口政策，无疑要针对当前的人口问题。政策就是为着解决问题，尤其是当前客观存在的问题而制定的。但是由于人口的生产和再生产具有长期、缓慢和累进变动的特点，政策的累积效应容易被忽视，人们往往只注意当前的效应。前面提到，1980年中央人口座谈会对未来人口变动的方方面面讨论得比较详细，几乎涉及每一个相关领域，但是对性别比问题讨论不够，只是提到提倡一对夫妇生育一个孩子，要注意保持性别平衡，杜绝人为选择性别。当时政府还没有提出农村独女户允许生育两个孩子的政策，据笔者所知，后来提出这一政策时也没有进行过专门的论证。

众所周知，中国属于性别偏好比较强的国家，一些人重男轻女传统观念严重，如果实行允许农村独女户再生育一个孩子的政策，其一般情况下是不会选择再生育一个女孩的，由此带来的性别比失衡是可以想象的。一方面，在目前农村生产力发展水平不高的情况下，一个农户如果没有一个男性劳动力，客观上存在着一定的实际困难，男性孩子的劳动——经济效益、养老——保险效益、继承家业兴衰的风险效益等，要明显高出女孩一大截儿；另一方面，几千年封建社会形成的“不孝有三，无后为大”思想影响深远，传宗接代意识根深蒂固，一些人会不计代价千方百计生育一个男孩，也就是所谓的“不能断了‘香火’”。在过去生育子女数量不受限制的情况下，人们多生多育，“以数量换性别”，使性别比长期维持在比正常值偏高一些的水平。而实行节制生育政策特别是在提倡一对夫妇生育一个孩子以后，“以数量换性别”之路就被堵塞了，人们只能在生育数量政策允许的情况下满足其性别偏好，于是就出现了第二个孩子性别比陡然升高、出生性别比持续攀升的局面。

农村独女户可以生育第二个孩子政策的出台，是既想有效控制人口增长又想解决独女户的实际困难，是兼顾“两难”的无奈之举。从这一点上说，此政策是可以理解的。但是，由于对可能引发的性别比升高缺少研究和论证，对其严重后果估计不足，不可避免地使工作陷入被动。实际上，1980~2000年农村的总和生育率一直处在2.0水平。既然如此，笔者以为，如果在限制生育三个孩子上多下一番工夫，拿出更为有效并为广大群众所拥护的政策，保证除人数较少的少数民族外不再生育第三个及以上孩子，及时普及生育两个孩子的政策，这与目前的实际生育水平相差不大。号召包括农村在内一对夫妇生育一个孩子，允许独女户再生育一个孩子，既然有了一个“千金”，为什么还要再添“一金”呢？人们自然选择生育男孩了。何况在当今科学技术高度发展的情况下，胎儿性别鉴定十分容易，做到“不被发现”也并非难事，于是出现了近年来第二个孩子出生性别比超过150，第三个孩子出生性别比超过160，造成近二三十年以来出生性别比长期居高不下的情况。即使这一政策在控制农村人口增长中发挥了一定的作用，但是出生性别比长期持续升高的严重后果不可小视，绝不可以放任下去，必须紧急刹车，保证性别安全，使人口政策的短期有效性与长期可持续性衔接起来，维护政策的连续性原则。

二、今天：完善人口政策体系迫在眉睫

任何人口政策，都是为着解决一定的人口问题而制定和实施的。当前的人口政策，必须面对“转变后”的人口实际，面对“转变后”阶段各种人口问题陆续浮出水面，除人口数量、质量问题外，人口结构问题凸显的

实际。在这种情况下，首先，要弄清人口问题在宏观上的表现，弄清人口问题的总体框架结构；其次，要弄清哪些是人口自身方面的问题，哪些是人口与其他领域交叉形成的问题；再次，要联系21世纪全面建设小康社会、基本实现现代化发展目标，确定不同方面人口问题的阶段性特征，推进人口问题有计划、有步骤地解决。对于21世纪我国面临的人口问题，包括这些问题的主要表现、框架结构和发展趋势，现在需要针对这些问题，建立相应的人口政策框架体系，以分清层次，明确不同时期政策的重点。

（一）人口政策体系

迄今为止，关于人口政策体系的研究和论述还很少。因此，首先一个问题是，“人口政策体系”命题是否成立？笔者以为，是成立的。理由是，人口作为居住在特定时空的总体而言，是数量、质量和结构的统一体，构成完整的体系。以这一完整体系为载体的人口政策，也应具有相应的体系和相应的框架结构。同时，政策作为国家为着实现一定历史时期的发展目标和路线而制定的行动准则，有着自身的连续性和与相关方面的协调性，因而在特定领域内形成一定层次的结构体系是顺理成章的事情。人口自身的变动和发展，有着时间的连续性；同时人口与经济、社会、资源、环境的变动和发展密切相关，有着空间上千丝万缕的关联性。有鉴于此，无论在时间维度还是在空间维度上，人口政策体系都是客观存在的，需要我们去研究，去挖掘。

由于西方国家的人口转变主要是社会经济发展的自然结果，实施的“家庭计划”（family planning）也很少受社会政策干预，故人口政策体系很少提及；一般发展中国家对某些方面实行一定的政策干预，主要是生育政策的干预，很少涉及其他方面，故难以形成人口政策体系。我国是世界第一人口大国，同时如某些国际友人所说的那样，是“高度有组织的社会”，需要也有可能制定和推行全面的人口政策，形成比较完整的人口政策体系。总结我国60多年来推行人口政策的理论与实践，同时参考国际社会实施不同人口政策的领域和效果，我们提出以下三个层次的人口政策框架结构。

1.第一层次：狭义人口政策和广义人口政策

（1）狭义人口政策

狭义人口政策指调节人口自身变动与发展的政策，包括人口数量变动政策、人口质量提高政策、人口结构调整政策三个基本的方面。我们通常所说的人口政策，即指狭义的人口政策。

（2）广义人口政策

广义人口政策指调节人口与发展的政策，包括调节人口与经济发展、人口与社会发展、人口与资源、人口与环境的相关人口政策。广义人口政策同狭义人口政策有着内在的有机联系，可视为狭义人口政策在边缘和交叉领域的延伸和扩展。

2.第二层次：狭义人口政策和广义人口政策下的子人口政策

（1）狭义人口政策之下的子人口政策

狭义人口政策之下的子人口政策主要包括三个方面：

①人口数量变动政策，包括生育政策、死亡政策、人口迁移和流动政策。

②人口质量提高政策，包括提高人口身体素质政策、提高人口教育素质政策、提高人口文明素质政策。

③人口结构调整政策，包括调整人口年龄结构政策、调整人口性别结构政策、调整人口城乡分布结构政策、调整人口地区分布结构政策等。

（2）广义人口政策之下的子人口政策

广义人口政策之下的子人口政策主要包括四个方面：

①协调人口与经济发展的人口政策。

②协调人口与社会发展的人口政策。

③协调人口与资源的人口政策。

④协调人口与环境的人口政策。

（3）第三层次：子人口政策之下的各项具体人口政策

如调整人口年龄结构的政策，还可具体化为促进少年人口就学和提高入学率、升学率的人口政策；根据经济和社会发展需要，提高劳动年龄人口就业率的人口就业政策；随着人口年龄结构老龄化的不断加深，提高老年人口保障水平的老年人口社会保障政策等。又如，协调人口与资源的人口政策，根据自然资源储藏、开发、利用的实际需要，出台相关的人口迁移和流动的政策、吸引劳动年龄人口的就业政策、适宜的居住和户籍管理的政策等。第三层次的人口政策，时间和空间概念要更明确一些，针对性要更强一些，因而稳定性要比第一层次和第二层次差一些。

（二）人口政策建议

在上述人口政策体系和框架结构下，人口政策设计的领域和范畴比较广。人口政策的制定，要有效地解决客观存在的人口问题，使人口自身的发展更符合客观的人口再生产规律。因此，狭义人口政策与广义人口政策比较，狭义人口政策更直接，作用也更明显一些。一般讲的人口政策，即指狭义的人口政策。同时，协调与经济、社会、资源、环境法制的广义人口政策的关系，是制定狭义人口政策必须考虑的前提条件之一，同狭义人口政策密不可分。广义人口政策的基本要求，是继续控制人口的数量增长，大力提高人口的质量，合理调整人口的结构，与狭义人口政策的基本点是一致的；只是在具体的政策要求上，需要依据经济、社会发展以及资源、环境状况，作出深一步的细化，增强实效性和针对性。故此处主要讨论狭义的人口政策，并从体系的完整性上，进行理论与实际相结合的阐发，有些是以往研究中很少或没有涉及的政策。

按照上面的人口政策体系框架结构，狭义人口政策包括人口数量变动政策、人口质量提高政策、人口结构调整政策。从当前和21世纪人口以及人口与发展实际出发，按照这样的框架结构，我们提出以下人口政策决策选择：

1.人口数量变动政策选择

（1）生育政策选择

人口变动，指由出生、死亡、迁移和流动引起的变动。一般情况下，死亡率和出生率处于相对稳定状态，而迁移和流动影响有限，因此人口变动主要取决于出生率的变动。由此，生育政策备受关注，也是争论最多的一项人口政策。联系我国人口变动实际，制定生育政策总的要求，是从实际出发，确保21世纪中国人口发展战略的有效实施，推动人口问题全面、合理的解决，为全面建设小康社会和现代化建设创造良好的人口环境。前已叙及，21世纪我国人口“三步走”的发展战略，当前处在走向零增长的第二步，要坚定不移地推进人口的数量控制、素质提高、结构调整相结合的方式，在有效控制人口数量增长的同时，尽可能使人口年龄、性别、城乡、地区分布结构保持在合理状态。或者说，在保持年龄、性别、城乡、地区人口结构比较合理（至少是可以接受）的状态下，2030年前后实现人口的零增长，并使人口身体、教育、文明的素质显著提高。如果说继续控制人口数量增长和达到零增长是人口变动主线的话，那么保持适当的、合理的人口结构，就是必要的约束条件，人口政策必须将二者兼顾起来，统一起来。为此，提出以下可供选择的生育政策建议：

①全国不分城乡，夫妻双方均为独生子女者，一律允许生育两个孩子。这一步选择即刻实施。当前，已婚育龄妇女独生子女领证率在22%左右，城镇远远高于农村，实行“双独”结婚生育两个孩子，生育率升高极其有限，可不附加任何条件。

②农村一方为独生子女者结婚，允许生育两个孩子。这一步选择也可以即刻开始实施；城镇可暂缓2年，2010年以后组织实施为宜。对于农村来说，由于独生子女率较低，“一独生二”影响有限；对于城镇来说，由于独生子女率普遍很高，一方为独生子女结婚者比率不会很高，特别是推延到2010年30岁以下育龄妇女进一步减少以后开始实施，对生育率影响也不会很大。但是实行“一独生二”的生育政策，对于“一独”方的家庭养老和改变家庭人口年龄结构来说，有着现实的、不可替代的意义。

③在有效制止三孩及以上多孩生育条件下，农村可不分性别普遍生育

两个孩子。目前全国农村实际的总和生育率在2.0左右，如果除人数较少的少数民族外均不得生育三个及以上孩子能够做到，生育率可大体上维持在现在的水平。我们的“软着陆”方案还留了一点微升的余地，总和生育率在未来10多年内仍可稍有升高。不过这一条要有一个前提，即“有效制止三孩及以上多孩生育”，这是一条“过硬”的前提条件。如果不能有效制止三孩及以上多孩生育，就不能实施这一条政策；达不到“过硬”条件就放开生育两个孩子，只能带来生育率的反弹。“限三生二”不可分割，只有真正做到“限三”，才能放开“生二”；而真正做到“限三生二”，是不会造成农村和整个生育率大反弹的。

（2）应对死亡的政策选择

马尔萨斯最初发表《人口原理》时，主张使用战争、瘟疫等“积极抑制”手段扼杀生命，减少人口，主张实施大量死亡的反动的人口政策，遭到世人的反对和唾骂。我们控制人口增长不能立足于加速人口死亡上面，相反，站在以人为本科学发展观立场，要亲眼所见人的一生中带病期、伤残期、延长健康期，使全体居民活得长、活得健康。这是制定人口死亡政策的立足点和出发点。

当前，国内外很少见到有关死亡的人口政策。不过笔者以为，这是一个值得认真研究、论证的命题，在条件成熟时，应当适时推出死亡人口政策。当前，有一些相关政策是可以考虑的，如老年人口的临终关怀政策。随着人口老龄化的加速推进，高龄老年人口增多，生活不能自理老年人口的临终关怀问题变得突出起来。目前各地举办的老年公寓、老年之家一类的社会组织，还带有较强的商业色彩，很难向独生子女户和计划内生育户父母倾斜。为了使这一部分老年人口平安走完人生最后一段路程，由国家、社区和个人共同建立老年临终关怀组织，是可能的、可行的、必要的。又如安乐死政策。中国有一句古话，叫作“好死不如赖活”。可是，当今年轻一代人中不少将其颠倒过来变为“赖活不如好死”，这有一定的道理。植物人活着对于植物人本人和亲属、社会没有任何意义，只会增加各方面的负担，但是还得“赖活”而不能“好死”。有的晚期癌症患者生命垂危，病人痛不欲生，家属疲惫不堪，但只能活受罪地活着。为什么不能安乐死呢？据说，这主要是出于法律的原因，一旦出台相关政策，可能给蓄意谋杀者提供法律空间。然而“问题与解决问题的手段总是同时发生的”是辩证法颠扑不破的铁律，不留法律空间总是可以做得到的，事实上已有国家制定了安乐死法。“好死”，是人生生、老、病、死客观发展规律最后阶段的需要，是人道主义的表现，应该考虑出台相关的政策、法律和法规保证。

（3）人口迁移和流动政策选择

这里之所以将人口迁移和流动政策纳入人口数量变动政策范畴，是因为就一个国家来讲，国家间的人口迁移和流动，影响着该国的人口数量变动；就一个地区来讲，地区间的人口迁移和流动，影响到该地区的人口数量变动。随着市场经济体制的建立和不断完善，人口迁移和流动速度在加快，流量在增加，影响也在加大。

2.人口质量提高政策选择

人口身体素质、教育素质、文明素质是人口质量三个基本的组成部分，故人口质量提高政策选择，也可分为这样三个方面。

（1）提高人口身体素质政策选择

面对21世纪生命科学加速发展的新态势，从我国人口身体素质实际状况出发，需要大力提高全体居民的医疗卫生健康水平，特别是覆盖城乡的医疗卫生水平，生殖健康水平，重大疾病防控水平，食品、药品和生物制品的安全水平等。为此，提出三点建议：

①加强人口健康科学研究，加快科研成果产业化进程。控制人口数量与提高人口素质是相辅相成的两个方面，少生与优生、优育紧密联系在一起。为此，就要加强生殖健康理论与应用技术研究，发展安全、高效、适宜的避孕节育新技术和新方法；加强出生缺陷干预研究，实施出生缺陷干预工程，降低出生缺陷发生率；加强对影响出生人口素质的生物、遗传、环境、不良生活方式等的研究，通过科学宣传和建立健全必要的社会机制，达到优生目的；加强重大疾病生物医学研究，提高重大疾病早期预测、发现、诊治水平，建立重大疾病高效、快速检测分析和治疗系统等。加强人口健康科学研究是基础，要想使科研成果发挥作用和收到实效，关键在于科研成果的转化，要下大力气加快科研成果的产业化进程，并在临床实践中予以应用。

②加大公共卫生投入，建立覆盖城乡的卫生保障体系。改革开放以来，我国经济获得高速增长，公共卫生事业也获得较大发展，但是无论发展的速度还是发展的规模，后者都不能同前者同日而语，相对要慢得多、小得多。更主要的是卫生总费用中政府支出部分所占比例大幅度下降，个人支出部分所占比例大幅度上升，由原来公费医疗为主，变成了个人支付为主，形成看病贵、看病难问题。相比之下，农村和不发达地区政府投入

力度更小，农村的公共卫生资源严重不足。这种状况与提高人口身体素质，尤其是提高包括广大农民在内的城乡广大居民身体素质极不相称。因此，我们必须加大政府投入，逐步建立城乡全覆盖的医疗保险制度。“十一五”发展规划和全面建设小康社会发展目标，已经注意到了这一点，需要脚踏实地地向前推进。

③适应人口再生产类型转变，把握疾病防治重点的转移。提高人口身体素质，离不开总体人口的变动与发展，特别是人口再生产类型的转变。前已论及，我国用较短时间完成了由年轻型向成年型、由成年型向老年型的转变，并将以比较快的速度达到老龄化比较高的水平。随着这种转变而带来的是疾病谱的演变。有统计表明，1985年，我国城市主要疾病死因中居前5位的依次为心脏病、脑血管病、恶性肿瘤、呼吸系统疾病、外伤，农村依次为心脏病、脑血管病、恶性肿瘤、呼吸系统疾病、消化系统疾病，城乡略有不同。21年后，2007年的情况是：城市依次为恶性肿瘤、脑血管病、心脏病、呼吸系统疾病、损伤及中毒；农村依次为恶性肿瘤、脑血管病、呼吸系统疾病、心脏病、损伤及中毒 。一个突出的特点是，无论城市还是乡村，恶性肿瘤均上升到第一位，脑血管病保持第二位。随着老龄化的推进，慢性病成为影响健康的主要疾病。

据原卫生部与世界卫生组织联合发布的全球《预防慢性病——一项重要的投资》（中文版）与《中国慢性病报告》披露的信息，2005年，全球死亡5800万人，其中死于慢性病的近3500万人，占总死亡人数的60%。中国慢性病死亡人数达到750万人，慢性病成为最主要的死因。该报告预言，未来10年若不采取有力的干预措施，慢性病死亡人数很可能再上升

19%，其中糖尿病死亡人数甚至可能增至50%。1991年我国因慢性病死亡人数占总死亡人数73.8%，2000年上升到80.9%，近几年还在继续上升。第二次全国残疾人抽样调查提供的资料显示，2006年4月1日全国残疾人总数为8296万人，占总人口比例由1987年第一次抽样调查时的4.9%提高到6.3%，其中60岁以上残疾人比例上升到占总增加人数的75.5%，老龄化是残疾人比例上升的主要原因 。这说明，随着人口年龄结构老龄化的加深，如支气管肺癌、肝癌、乳腺癌、脑血管病、冠心病、糖尿病等老年慢性病死亡率呈上升趋势，这6种老年慢性病死亡人数占到总死亡人数的35.8%。此外，高血压、高血脂、高血糖发病率普遍上升，老年性疾病构成疾病谱的主旋律。可见，要想提高人口身体素质，必须面对人口老龄化带来的疾病谱改变的挑战，实行防治重点的转移，才能使总体人口活得长又活得健康的愿望变为现实。

（2）提高人口教育素质政策选择

首先，要树立人才强国、教育先行理念。我国要在21世纪中叶达到中等发达国家水平，科技是关键，基础在教育，对此要有明确和清醒的认识。我国人口众多，人力资源比较丰厚，如果人口教育素质不能得到较快提高，人口多的不利方面就会变得突出起来；相反，如果人口教育素质能够得到较快的提高，人力资源丰富的优势就会变得很明显，对经济增长的作用就会持续地显现出来。“十年树木，百年树人。”发展教育是提高人口科学、教育、文化素质的最主要的途径，是实现由人口和人力资源大国向人力资本强国转变的关键，是国家长远发展和民族复兴的基础。提高人口教育素质要长期不懈地坚持下去，坚定不移地沿着科教兴国的路子走下去。

其次，要增加国家教育投资，调动各方面办学的积极性。改革开放以来，国家实施科教兴国战略，财政性教育投资不断增长，促进了教育事业的发展，尤其是高等教育事业的发展。但是国家财政性教育投资占GDP的比例，却没有得到有效的提升，长期徘徊在2%~3%，近两三年来才突破3%，“十一五”期间达到4%。而目前美国、法国等发达国家财政性教育经费占到GDP的5%~6%，泰国、印度等发展中国家占到4%~5%，以色列、马来西亚等对教育情有独钟的国家更达到7%以上。一个时期以来，把教育“推向市场”的主张颇有影响。对此，笔者以为要做具体分析。我国同许多国家一样，教育分作义务教育与非义务教育两种。义务教育不能简单“推向市场”，政府要承担起对义务教育的责任。国民经济和社会发展“十一五”规划明确指出：加大教育投入，保证财政性教育经费的增长幅度明显高于财政经济收入的增长幅度。即便对于非义务教育，也要作一些具体分析，并非全部都可以“推向市场”。从本质上说，教育属公共事业，始终具有一定的社会再分配的福利性质，不以赢利为主要目的，不能完全套用商业运营模式。当然，非义务教育要借用市场机制，使社会所有教育投资者都能得到相应的补偿，以调动社会各方面投资办教育的积极性；与此同时，捐赠、赞助教育事业，则一贯被视为社会的一大善事，经历各个朝代而不衰。因此，我们在强调政府要加大教育投入的同时，还要动员社会各界力量办学，为科教兴国和人才强国贡献力量。

再次，调整教育结构，提高人口技能和经验素质。目前我国教育结构不尽合理。突出的表现，一是高校发展过快。1980~2007年，普通高等学校由675所增加到1908所，增长1.8倍；同期普通高校专任教师数由24.7万人增加到116.8万人，增长3.7倍；招生人数由28.1万人增加到565.9万人，增长19.1倍；在校大学生数由114.4万人增加到1884.9万人，增长15.5倍；毕业生人数由14.7万人增加到447.8万人，增长29.5倍。[①]这种情况表明，改革开放以来，高等学校在我国获得前所未有的巨大发展。而且联合合并之风一浪高过一浪，培养通才的综合性大学发展最快，这就造成了第二个突出问题，教育结构失衡中。与高等教育蓬勃发展相对的，是职业中学教育的严重滞后。1980~2007年，全国职业中学教育经历了1998年以前的发展、1998年以后的萎缩前后两个不同的阶段：1980~1998年，全国职业中学由3314所增加到10074所，增长2.0倍；从1999年开始走下坡路，逐步减少到2006年的6100所，2007年略回升到6191所。全国职业中学在1999~2006年共减少3974所，减少39.4%。[②]其他如职业中学专业教师数、学校招生数、在校学生数、毕业生数等，或稍有减少，或稍有增加，总体上处于停滞不前状态。近两年来职业教育有所加强，扶持力度有所加大，止住了下滑的趋势。小学生人数减少是出生率下降和少年人口数量减少的结果，中学生人数变动同人口年龄结构变动大体相适应，因此教育结构失衡主要表现为高等学校的膨胀和中等专业学校的停滞不前。

这种情况已经影响到人口素质结构和劳动就业。中等职业教育之后，经济发展需要的技能型、经验型人才得不到满足，具有一定技术水平的熟

---

①参见中华人民共和国国家统计局编：《中国统计年鉴（2008）》，中国统计出版社2008年版，第777～780页。

②参见中华人民共和国国家统计局编：《中国统计年鉴（2008）》，第777页。

练劳动者缺乏，势必影响劳动力市场的供给，出现结构性劳动力短缺。一个时期以来，珠三角、长三角、京津冀等部分经济发达地区，曾经出现招不到足够的熟练技术工人的局面，致使该地区劳动工资率抬得很高，甚至高过当地专业技术人员。任何国家的经济技术结构都是立体的，既要有一流的高新技术及其产业，又要有大批的中间实用技术，还要有部分比较落后的技术，组成资金密集、技术密集、劳动密集相结合的综合技术结构，呈两头小、中间大的橄榄形。我国人口和劳动力资源丰富，这个立体式的经济技术结构是总的框架；在现代化建设中，高新技术及其产业发展更快一些，比重不断提升；中间实用技术及其产业居于主体地位，不可能在短期内改变；农村和边远地区比较落后的技术结构及其产业一定时期内的合理存在，也是必不可免的。我们要想实现由人口和人力资源大国向人力资本强国的转变，不仅要大力发展高等教育，提高全民族的科学、技术和文化水平，还要着力发展中等职业教育，提高劳动者的技术水平、实际操作能力和增加经验积累。提高人的技能和经验，同样是提升人力资本不可或缺的方面，而且是直接关系社会经济发展和现代化进程的重要方面。

（3）提高人口文明素质决策选择

提高人口文明素质是一项长期艰巨的任务，最重要的政策选择是将国家核心价值观教育纳入国民教育体系，坚持德育为先的原则。发展商品生产和建立健全市场经济体系，遂使交换价值升值，对传统的人际关系是一个挑战，对原有的感情、亲情和友情，不能不说也是一个冲击。同时还要看到，1980年以来，国家大力提倡一对夫妻生育一个孩子已经过去一代人，这一代独生子女在改革开放大环境下成长，思想解放、视野开阔、现代化观念强等是明显的优势。但是由于独生子女从小没有兄弟姐妹，缺少以往大家庭具有的亲情培育，再加上父母、祖父母、外祖父母疼爱有加，容易滋生孤独感和沾染骄、娇二气，因而德育显得更为重要。我们要总结自己的经验，如曾经开展的德、智、体、美全面发展教育，培养有社会主义觉悟、有文化的劳动者的教育方针等，都收到了良好的效果。我们也要面对当前时代发展现实，吸取国际社会（例如德国等）开展德育的成功经验，将国家核心价值观念精心编入中小学教科书中，培养有理想、爱祖国、爱人民、尊老爱幼、诚信友爱的一代新人。提高人口文明素质坚持德育先行原则，是素质教育的基本立足点。

3.人口结构调整政策选择

人口结构可分为人口自然结构、人口经济结构、人口社会结构。结合我国人口、经济和社会发展实际，最主要的是以下四个方面的人口结构调整政策选择：

（1）人口年龄结构调整政策选择

人口学将总体人口粗略地分为0~14岁少年人口、15~59岁（或64岁）劳动年龄人口、60岁（或65岁）以上老年人口三个组成部分。按照21世纪“三步走”人口发展战略要求，提出以下人口政策选择：

①少年人口结构变动政策选择。实现“三步走”人口发展战略第二步人口零增长目标，以及零增长以后一定程度的人口负增长，少年人口在总体人口中所占比例将呈持续下降趋势。某些发达国家的经验表明，这个阶段最值得关注的是“少子高龄化”问题。如前所述，要想从根本上解决我国人口和劳动力过剩的问题，一定程度的“少子化”不仅是不可避免的，

而且是必须的，这里的关键在于掌握好这个“一定程度”。20世纪90年代曾经有一种说法，叫作“低出生率、高出生人口”和“低增长率、高增长量”。这种说法颇有一些影响，至今还有文章重复这样的调子。然而这是一个杜撰的假设。以出生人口数量而言，新中国成立60多年来，最多的为1962~1973年第二次生育高潮期间，年出生人数在2460万人以上；尤以1963年出生2954万人为最多，1964年2759万人次之。以自然增长人数而论，年增长人口在2000万人以上的有五个年份：1963年，2270万人；1968年，2121万人；1970年，2114万人；1969年，2076万人；1965年，2026万人。①进入20世纪90年代以来，出生人口是逐步减少的：由1990年的2319万人减至1995年的2063万人、2000年减至1778万人、2007年的1599万人。自然增长人口呈同样变动趋势，由1990年的1629万人减少到1995年1271万人、2000年960万人、2007年683万人。②出生和增长人口的不断减少，导致少年人口所占比例不断下降。0~14岁少年人口比例，已由1990年的27.7%下降到2000年的22.9%，2007年进一步下降到17.9%的低水平。③为了有效控制人口数量增长，出生率、出生人数和自然增长率、自然增长人数经历并且正在经历长时间的下降和减少过程，这是必然的和必需的，但是并非出生率和增长率越低越好、出生人数和增长人数越少越好，而是

①参见中华人民共和国国家统计局编：《中国统计年鉴（2001）》，中国统计出版社2001年版，第208页。

②参见中华人民共和国国家统计局编：《中国统计年鉴（2001）》，第208页；《中国统计年鉴（2008）》，第87页。

③参见中华人民共和国国家统计局编：《中国统计年鉴（2008）》，第90、97页。

以低、少适度和人口年龄结构变动合理化为准则，“少子化”要控制在比较合适的水平。按照21世纪“三步走”人口发展战略目标，0~14岁少年人口所占比例变动，掌握在2010年18.5%、2020年19.0%、2030年16.1%、2050年15.4%左右为宜。过高或过低，不是影响人口的数量控制，就是影响人口年龄结构变动的合理化，都需要加以适当的调整。

②劳动年龄人口结构变动政策选择。归结到政策层面上，要保证1990年~2030年长达40年左右从属年龄人口比小于0.5，即人口年龄结构变动“黄金时代”或“人口引力”“人口红利”“人口视窗”不折不扣地兑现，这是全面建设小康社会和达到中等发达国家现代化水平难得的人口机遇，不容错过。“黄金时代”过后，也应使劳动年龄人口保持在适应社会经济发展需要的合理规模。在这个问题上，既不要轻易为“劳动力不足”论所动，在加速走向现代化过程中并不需要大量增加人口和劳动力，也不要简单地与某些人少地多的发达国家相比，以为人口和劳动力越少越好，而要依据我国人口变动与发展实际，人口与经济、社会发展水平以及人口与资源、环境状况，使劳动年龄人口保持在一定的规模和水平，保持在恰当的比例。按照21世纪中国人口发展战略目标15~64岁劳动年龄人口规模和占总人口的比例，大体控制在：2010年9.8亿人、72.3%，2020年10.0亿人、69.0%，2030年9.9亿人、67.4%，2050年8.6亿人、63.0%为宜。如果偏离太多，就应通过适当抬高或降低生育率、出生率，加以必要的调整。

在劳动年龄人口结构变动中，还需要注意到劳动年龄人口结构的相对高龄化问题。预测表明，21世纪上半叶15~64岁劳动年龄人口中50岁以上所占比例增长较快，由此可能引起劳动力活力某种程度的减退。这就需要加快产业结构调整和产业转移的步伐，加大生产和各项经济活动的科技含量。深入研究劳动年龄人口结构与产业结构、技术结构之间的关系，结合我国实际，提出应对劳动年龄人口相对高龄化的对策建议。

③老年人口结构变动政策选择。应对老年人口结构变动的政策选择，仍然可以从两个方面入手：一是应对老年人口比例上升较快、老龄化程度累进增长和达到的水平比较高的趋势，解决老有所养、老有所依、老有所教、老有所学、老有所为、老有所乐的政策选择。二是应对人口老龄化迅速推进对经济、社会、科技、文化发展可能带来的影响的政策选择。这两个方面的政策选择，无论是应对6个“老有所”，还是应对老龄化对社会经济发展带来的某些影响，一方面要拿出相关的社会政策，如建立健全养老保障体系、医疗保障体系、规范社区服务等；针对老龄化对储蓄、投资、产业结构、技术进步等可能带来的影响，制定相关的经济政策。另一方面要运用人口和生育政策，将老龄化控制在合理（至少可以接受）的范围之内。按照21世纪“三步走”人口发展战略要求，人口政策选择应使65岁以上老年人口比例保持在恰当的水平：2010年在8.6%，2020年在12.0%，2030年在16.0%，2050年在23.0%左右。

（2）人口性别结构调整政策选择

自从出生性别比显著升高以来，国家采取了行政的、法律的、经济的等多种手段遏制出生性别比升高，然而收效却并不显著。究其原因，主要是“对症下药”不够，未能针对造成出生性别比升高的直接原因有效施政。人口统计和人口普查、抽样调查汇总的数据表明，当前第一孩出生性别比在107左右，处于正常值上限；第二孩上升到150以上，第三孩上升到160以上，超出正常值50%左右，这是问题的症结所在。这种情况表明，虽然出生性别比升高的根本原因在于人们的性别偏好，这种偏好既有客观上的实际困难，也有传统观念的影响，但是同允许独女户再生育一个孩子的政策分不开，已经有一个女儿的独女户，想尽办法要生育一个男孩。尽管各地都明令禁止非医学的胎儿性别鉴定，然而这一法规限制很难发挥作用，因为非法胎儿性别鉴定取证太困难了。笔者历来不赞成独女户再生育一个孩子的政策。在当前形势下，主张农村在不生育第三个孩子（人数较少的少数民族除外）的前提下，可以实施普遍生育两个孩子的生育政策。

（3）人口城乡结构调整政策选择

适应我国目前人口城市化速度驶入“快车道”、结构过渡到以大城市为主、发展方式步入城乡统筹协调发展的新态势，应当实行有利于农村人口和劳动力向城镇工商业转移，有利于统筹城市发展的人口政策。

第一，举办进城务工、经商农民培训班，对其进行就业前必要的知识和技能培训。目前我国进城务工、经商农民在1.5亿人左右，可谓数量庞大。问题在于这些人所受教育偏低，科学知识和劳动技能偏低，一般只能在道路、建筑、管道以及城市环境、卫生等行业就业，以重体力劳动为主。然而当前我国正处于经济转轨、产业结构升级、技术构成大幅度提升时期，虽然大规模的基本建设还在继续，但是不需要更长时间就会发生变化，这是现代化必然的发展趋势。如今，在东南沿海一些经济发达地区，传统产业向外转移完成后，对农民工的要求提高了，必须具备一定的知识和技能才能就业。于是一些地方一方面进城农民找不到工作，另一方面用工单位找不到合适的劳动者，出现了互不衔接的“民工荒”现象。随着产业结构升级加速，预计这一现象在有的地方还会蔓延。这给农村劳动力进城务工、经商提出了必须先行培训的任务。目前各地培训的内容形式五花八门，培训的效果不佳。建议有关部门组织有专家参与的调查，分门别类地编制具体的培训方案，建立有效的培训机制，提高农民工进城务工、经商的起点，以适应国家经济和社会发展的需要，促进农村劳动力及其附属人口向城镇的转移。

第二，保障进城农民的合法权益，使之享受市民待遇。适应人口城市化发展趋势，不但农村劳动力能够进得城来，而且能够住得下来，在合适的岗位上安心地劳动，逐渐成为与城市中其他市民一样的公民。要想达到这一目的，就要使进城农民的合法权益得到保护，最主要的是生存权、劳动权、居住权、受教育权、医疗健康权，参与城市社会劳动的政治、管理等权利。鉴于城乡二元经济、社会体制由来已久，消除对进城农民的歧视非短期内所能奏效。可先从保障进城农民的合法权益入手，让其在上述基本权利方面，享有同城市市民一样的待遇。

第三，进行户籍改革，逐步取消农业与非农业二元户籍制度。中国是世界上仅存的几个有户籍的国家之一，户籍曾经在历代人口管理以及社会管理中起到过重要的、不可替代的作用，这是有目共睹的。新中国成立后，在计划经济时代，户籍的作用得到强化，形成“农业人口”与“非农业人口”泾渭分明的城市二元户籍制度。人口的二元结构与经济的二元结构结合起来，农业人口在农村从事以种植业为主的农业生产劳动，生产、分配、交换、消费自成一体，不能自由进入城镇成为“农转非”人口；非农业人口在城镇从事以城镇工商业为主的生产劳动，吃按定量供给的商品粮，生产、生活成为另外一个系统，与农村农业人口相分离。在人口、经济二元结构基础上，形成二元社会结构，政府分成专门管理城镇的部门和专门管理农村、农民的部门，如劳动人事部，只面对城镇非农业人口，劳动部门面对工人，人事部面对干部。改革开放打破二元人口、经济、社会结构限制，农业劳动力和附属人口大举进入城镇，引来改革城乡分割体制的强烈要求。走在改革前面的一些地方，已经宣布取消农业人口与非农业人口的划分，从而开辟了农村劳动力自由进入城镇之路。这是必然的趋势，是推进人口城乡结构调整、加快人口城市化进程必然的趋势，是改革的大方向。但是事情并非一改了之。取消了农业与非农业人口户籍，而生育政策是城乡有别的，按照一般的道理也应取消；而真的取消城乡不同的生育政策，等于人口政策重新洗牌，无疑这是现今情况下所不允许的。在实际工作中，各地还是按照原来的“农业人口”和“非农业人口”掌握并进行管理的。笔者以为，对此应该研究并出台公平、合理、有利于全面实现21世纪人口发展战略的政策。建议以进城农民正式确定为城镇常住人口之日起，在此之前属农村人口，按农村生育政策管理；在此之后属城镇人口，按城镇生育政策管理。这也是老人老办法——进城之前按农村政策执行，新人新办法——进城以后按城镇政策管理。

（4）人口地区分布结构调整政策选择

我国人口地理分布自西北向东南倾斜，人口密度逐级增加，有着自然地理条件、社会经济发展程度、民族聚居传统等深刻的原因，不宜轻易出台草率的移民政策。关于这一点，前面有关章节已经进行了较多的分析。

这里特别提出的是，要尊重等高线人口密度分布规律，尊重已形成的人口地理分布的合理性。千百年来，出于军事和其他目的，向西北大规模移民进行戍边屯田，导致该地区大片土地沙漠化、戈壁化。如果西部地区发展大规模具有开采价值的矿产资源，又是国民经济发展所急需，需要迁入一定数量的劳动力，则另当别论；除此之外，不可轻易组织大量移民，应当汲取历史的经验教训。

三、明天：“后人口政策”任重道远

所谓“后人口政策”，是指过去和现在曾经和正在实行的政策，由于情况变化，或者行将退出，或者要做出某些修正，接续下来与之相衔接的政策。这样的“后人口政策”，可能在原计划之中，现在具备了实施的条件；也可能不在原计划范畴，需要依据变化了的情况制定新的接续政策。不管哪种情况，连续性是“后人口政策”的基本特点。

前文关于“今天”人口政策体系的阐述，不同程度地涉及“明天”。然而这一部分的阐述，一是侧重人口政策体系框架结构，三个层次的人口政策阐述面面俱到，有的政策实践上并未提上议事日程；二是对涉及未来的人口政策，着重于当前现状的分析和阐述，对未来的影响没有进行更多的阐发。然而，由人口再生长长期、累进、稳定的特点所决定，人口政策必须瞻前顾后、承上启下、与时俱进，在实施今天既定的人口政策时就要科学地谋划明天的“后人口政策”。由于“后人口政策”是“明天”的政策，不需要按照人口政策体系逐一阐述，结合21世纪中国人口变动和发展实际，最主要的是下述三个方面的“后人口政策”。

（一）后生育政策

1980年上半年中央人口座谈会向中央书记处做的《报告》，9月中共中央《公开信》，都阐明了提倡一对夫妇只生育一个孩子，主要是控制一代人的生育率，因而是接下来的二三十年，特别是20世纪内的事情。《公开信》向社会公开宣布："到30年以后，目前特别紧张的人口增长问题就可以缓解，也就可以采取不同的人口政策了。"[①]如今30年即将过去，"采取不同的人口政策"是提倡生育一个孩子时就给予关注并做了策划的，因而是继续原政策的"后人口政策"，而不是与原政策分割的另外的政策。

采取什么政策呢？前面已经阐述了笔者"双独生二"、"一独生二"和农村"限三生二"三条建议。面向"明天"，前两条比较容易做到也不会引起多大的争议；对最后一条"限三生二"存在不同观点，主要是害怕由此引起生育率反弹。前面的分析已经说明，由各种调查可知调整后的农村总和生育率仍在2.0左右，"限三生二"不会引起大的生育反弹，不会突破人口发展战略中位预测目标。但是"限三"仍有一定的难度。国家统计局抽样调查表明，2006年11月1日~2007年10月31日，全国出生人口中三孩以上所占比例为3.7%[②]，已经下降到较低的水平；原国家人口计生委组织的抽样调查显示，2006年，全国育龄妇女中意愿生育三个以上子女所占比例为2.4%，但是有11.5%的育龄妇女回答"说不清"。对于想生育几个

①参见彭佩云主编：《中国计划生育全书》，中国人口出版社1997年版，第16页。

②参见中华人民共和国国家统计局编：《中国统计年鉴（2008）》，第104页。

孩子“说不清”（想生育零个、一个、两个已分别提问过并已得到否定回答），其中当然包括想生育多孩但面对调查员不想或不愿说清。如果其中有一半属于想生育三个以上又不愿意“说清”，理想生育三个以上孩子的比例便增大到8.2%。从调查情况看，应当有这样的认识。[①]目前，居民生育数量意愿所占比例最高者为生育两个孩子，这给了“限三生二”以极大的群众基础；想生育三个以上孩子的育龄妇女及其配偶所占比例较低，又给了“限三生二”以现实可能。“限三生二”政策已经到了可以通过试验取得经验，如果顺利即可实施的时候。这同当初中央座谈会向中央书记处做的《报告》和《公开信》的基本精神是一致、相衔接的，是承上启下的“后生育政策”。现在最大的问题，在于农村实际的生育率到底有多高，从某些地方的调查看，农村生育三四个孩子的家庭占有相当的比例，远不止百分之几，甚至不止百分之十几，然而“限三生二”有“限三”前提条件，实行起来便可免去后顾之忧。

（二）后养老保障政策

所谓“后养老保障”，是指在一般老有所养的经济保障基础上，对需要照料的老年人口特别是空巢老年人口提供相应的照料和服务保障。中国自1980年提倡一对夫妻生育一个孩子以及其他生育政策、提高人口素质和调整人口结构等政策以来，至今已经超过30年。30多年来，一代人按照计划生育基本国策的要求为控制人口增长做出了无私的奉献，应将他们的贡献载入人口编年史册。既然是奉献，就意味着做出了某种牺牲，主要是牺

①参见张维庆主编：《2006年全国人口和计划生育调查数据集》，中国人口出版社2008年版，第181页。

牲了多生育一个孩子可能给家庭带来的劳动、养老、天伦之乐等效益。如今到了晚年，身边没有子女照料的空巢老年人口急剧增加，将对他们的照料和服务当作一般社会问题已经远远不够，必须在解决了经济养老保障之后，作为普遍存在的、需要认真解决的“后养老保障”纳入总体社会保障体系，制定相应的“后养老保障政策”。早在1980年中央人口座谈会的《报告》中，在强调从当时起就应有计划地对老年人实行社会保险、解决老有所养问题的同时，就提出要大力推进住宅建设、生活服务设施、看病住院等社会服务，使无子女照顾的老人幸福地度过晚年。前面提到，近年来，原国家人口计生委实行部分农村独生子女家庭和计划内生育家庭奖励扶助政策，在颇大程度上解决了这部分家庭老年人口的经济保障问题，赢得社会各界的普遍赞誉。

然而要使计划生育家庭老年人口同其他家庭一样无后顾之忧，除了经济保障之外，还需要解决对他们的照料和服务问题，这在空巢家庭大幅度增加的“今天”和“明天”，显得尤为重要。国家统计局的抽样调查显示，2007年，全国家庭户人口数已经减少到平均每户3.17人，一人户比例上升到8.9%，二人户比例上升到24.4%[①]；2006年一代户比例达到28.5%，其中市达到32.1%，镇为28.1%，农村为26.9%[②]。这些数字，部分地表明以独生子女和计划内生育家庭为主体的老年空巢

①参见参见中华人民共和国国家统计局编：《中国统计年鉴（2008）》，第94、103页。

②参见国家统计局人口和就业统计司编：《中国人口和就业统计年鉴2007》，中国统计出版社2007年版，第62～65页。

家庭上升的情况。其实早在1987年笔者主持“中国老年人口调查和老年社会保障改革研究”课题的时候，就已经注意到了这一点。笔者在研究报告中指出：“今后随着家庭小型化趋势的发展，社会保障制度改革的深入，这些非由老年人口本人和直系亲属照料的形式，会有快一些的发展。”[①]30多年过后，情况正如所预料的那样，以独生子女和计划内生育家庭为主体的老年空巢家庭迅速增多起来，曾经为国家控制人口增长做出不可磨灭贡献的老年人口，正等待着社会的关怀和救助。媒体曾经报导过对空巢老年人口多种形式的关怀、照料和服务，赢得各界人士的称赞。现在的问题是，占全面家庭户28%左右的老年空巢家庭数量庞大，单身老年人和老年夫妇的生活急需得到帮助和照料，需要由政府出面制定出相关政策，进行必要的投资，撑起“后养老保障”的顶梁柱；同时也需要动员和组织社会力量开展志愿者服务，携手共同度过老年空巢家庭增多的难关。

（三）后人口转变政策

本文前面的分析表明，实施“三步走”的人口发展战略，将经历一系列的人口转变。首先由高出生率、低死亡率、高增长率向低出生率、低死亡率、低增长率转变，1992年生育率下降到更替水平以下，标志着这一步已经完成。然而中国生育率的下降与西方国家自然而然下降不同，在颇大程度上是借助政策的推动完成的，因而低生育水平还不稳固，需要一个巩

①田雪原：《中国1987年60岁以上老年人抽样调查报告》，载《中国人口科学》专刊(1)，1988年1月。

固的过渡时期，笔者称之为“转变后人口”。这个阶段的时间跨度，理论上是一个人口再生长周期，即经过一代人（25~30年）时间。如果这个稳定低生育水平过渡期比较顺利，经过二三十年时间低生育水平得到巩固，人口自然变动达到或接近零增长，同目前南欧、西欧相近，便进入了“后人口转变”时期。按照后人口转变具有的惯性，越过人口零增长拐点以后，总体人口将呈现减少态势，进入人口发展战略第三步——全方位适度人口阶段。

前已叙及，适度人口学说经历了上百年的发展，甚至它的早期思想还可追溯到古代社会，有比较完整的理论体系，但是至今歧义尚存，特别是联系到实际，具体国家和地区的适度很难把握。然而地球、一个国家、一个地区的面积是有限的，自然资源也是相对有限的，人口总不能无限制地增长下去，总有一个相对适度的空间，相应可以满足总体人口生存和发展需要的自然环境。也许有人会提出反问：科学技术的发展是无止境的，新的自然资源会不断涌现，因而能够容纳人口的环境是无限的。但是科学技术的发展也是相对的，随着时间的推移而发展，一定时期内的科学技术发达的程度是有限的，因而新资源的涌现也是有限的。更彻底一点说，抛开自然资源不论，仅就人口密度而言，使地球表面都站满人也是不可能的！人口的生长和发展，总要留有一定的活动空间，至于移居外星球，在科学技术发达的今天，尚看不到希望的曙光在哪里。虽然不能下否定的结论，但是也不能脱离现实，把希望寄托在没有任何把握的将来。目前，我国人口总量占世界20.0%，陆地国土面积占世界7.2%，人口密度为世界平均水平的2.8倍，国内生产总值占世界

6.0%。[①]这几项最基本的数据粗略地显示，我国用世界7%的资源和产量维系着20%的人口的生计，反映着人口相对过剩的外观状态。就地理考察，我国陆地面积中山地、高原所占比例很高，处于“世界屋脊”向东南沿海延伸地带，平原所占比例较低，总体农业资源不足；石油、铁矿石、铜矿石等经济发展需要量大的重要资源，或处于绝对短缺，或处于相对短缺状态。因此，无论是外观的粗略观察，还是内在的进一步分析，虽然贯彻落实控制人口增长基本国策取得了显著成效，人口过剩有所改观，但是总体上仍处于明显过剩态势，距离根本改观还有很长的路要走，可谓任重而道远。

这就需要开展相应的研究，百年以后，中国理想的适度人口数量是多少？1958年，孙本文先生提出，8亿人口是最适宜的人口数量；1979~1980年，宋健同志领导的一个研究小组，提出百年后全国理想适度人口为6.5亿~7.0亿人。此外还有其他一些研究成果，不过主要都是围绕数量多寡论适度。毫无疑问，以往的适度人口研究提供了先期有价值的成果，具有借鉴和参考意见。作为未来人口发展战略第三步的适度人口，一是就内容而言，不仅包括适宜的人口数量，而且人口的质量也要提高到适宜的程度，身体素质、教育素质、文明素质要达到适宜的高度；人口的结构调整到合理的水平，年龄、性别、城乡和地区分布结构同人口、经济、社会的发展相适应。迄今为止，国内外适度人口研究还停留在学术范畴，没有进入“实战”层面。但是笔者相信，随着时间的推移和人口数量的不

①参见中华人民共和国国家统计局编：《中国统计年鉴（2008）》，第1017、1019页。

断增长，人口素质和结构问题的不断涌现，一个人口数量比较适当、素质较高、结构较为合理的全方位适度人口，具有的诱惑力会越来越大。适时地启动这方面的研究，在科学研究基础上出台相应的政策，是提高我国也是提高全人类的福祉所在。

践行人口发展战略，增强人力资本积聚①

田雪原

①据田雪原先生在“人口与生殖健康论坛（济南）”上的演讲整理而成。

各位专家，各位领导：

非常高兴来参加这次“人口与生殖健康”论坛。把人口生殖健康纳入人口发展战略，再进一步纳入到我们现在三步走的人口发展和社会发展的战斗目标里，增强人力资本集聚，和我们转方式、调结构，一起纳入国家发展的总体战略当中去。

人口发展主要有三个问题：第一个问题，人口发展战略三步走；第二个问题，政策调整与时俱进；第三个问题，增强健康人力资本。

第一个问题，人口发展战略三步走。我们目前虽然存在着各种各样的问题，但是就全球视野来看，人口问题分为两大类，一大类就是发达国家的人口问题。根据联合国整理的2008年的数据，我们可以看到世界人口变动的趋势，包括发达国家变动的趋势和发展中国家变动的趋势，这里主要是指人口增长率变动。从1950~2050年的数据不难看出，发达国家从目前来看实际上已经接近零增长，到21世纪40年代将变为负增长。而发展中国家虽然不能说人口增加方兴未艾，但确实还有很长的路子要走，直到2050年人口还有一个大的增长。现在存在两类人口问题，发达国家存在的问题是生产力压迫人口，忧虑少子、高龄化，因而鼓励生育。发展中国家的情况则相反，人口压迫生产力，很多事情要迁就人口的变动，比如2008年金融危机影响很大，当时我国迅速出台政策应对。事实上，进入21世纪后的前8年，我国GDP的增长率一直在8%左右，实际增长率甚至更高。金融危机发生以后，有些人质疑增长率为什么不能主动调低一点。长期以来，我们都提转方式、调结构，在过去的30多年，虽然多有改善，但是基本上还停留在粗放型的生产方式，成效并不明显。究其原因，GDP增长率降低直接影响就业，因此，保增长归根到底就是保就业，这是人口压迫生产力。我国每年待就业人口有八九百万之多，缺少了GDP强力增长的拉动，就业就会出现困难。所以我们看到在不同时期、不同国家、不同阶段，就有不同的人口发展战略。

对于中国的人口变动趋势，目前有高、中、低三种预测。高的预测，即人口还要继续大规模增长，可能要突破16亿，甚至18亿。中的预测，即到2030年左右我们可以实现零增长，甚至出现幅度很小的负增长。低的预测，即人口数量下降得较多。相比之下，我们在制定人口发展战略时，人口发展战略从大的方面来讲是分三步走。

第一步，将严格控制人口数量、提高人口素质、调整人口结构相结合，把从数量控制作为重要的人口发展战略。这样做的主要目标是将高生育率降到更替水平以下。所谓更替水平，现在普遍认可的就是总和生育率要降到2.10以下。由此实现人口再生产由高出生、高死亡、高增长向着低出生、低死亡、低增长的转变。1992年，我国的总和生育率下降到2.10以下，为1.98，我们进入到低生育水平时期，标志着这一步已经完成。

第二步，在生育率下降到更替水平以下，实现人口零增长之前，即后人口转变时期，继续实行控制数量、提高质量、调整结构相结合的政策，逐步由人口数量控制为主转变为人口素质提高与结构调整相结合，并协调人口、经济、社会、自然环境发展，谋求可持续发展，这一步我们已经走了20多年。从总体上看，原来预想的目标已基本达成。各种预测表明，到2030年前后，全国人口增长14.65亿左右，实现零增长，届时第二步的战略目标得以完成。

第三步，人口零增长实现后，由于惯性作用，人口的数量将呈现一定程度的减少趋势，应依据当时的经济、社会发展以及资源、环境状况，作出全方位理想适度人口战略抉择。所谓全方位理想适度人口，是指不仅人口数量是适当的，而且素质较高，年龄、性别、城乡、地域等结构合理，与环境、经济、社会的发展协调。大体上说，全面解决中国人口问题的发展战略，大致可以分成三步，我们现在正处在人口发展战略的第二步。在这一步骤我们要完成的任务主要是以下四个方面：第一，要完成人口零增长发展的战略目标。如前所述，我们当前的增长率是4.9‰，虽然距离目标达成还有十多年的路程，但是如同大海中航行的航船，零增长的桅杆已经看得见了，大船到来也指日可待。第二，要大力提高人口素质，包括提高人口的健康素质、教育素质、文明素质。第三，要调整人口结构，包括人口年龄结构和城乡人口结构等。第四，将人口发展纳入可持续发展战略。

第二个问题，政策调整要与时俱进。这里的政策即生育政策。调整人口生育政策，是实施人口发展战略第二步的重要一步，也是关键的一步。

新中国成立以后，控制人口增长、实行计划生育政策几经波折。改革开放以后，随着理论上的拨乱反正，新人口方案得以提出，人口政策步入正轨。到1980年，我国进一步控制人口增长，同时喊出了很多口号，如“一个不少，两个正好，三个得了”。山东省在这个问题上走在了前面。山东临城（今枣庄市薛城区）的136对夫妇，当时写了一份倡议书，标题是“人革命，终生只生一个孩子”，引起了很大反响。当时在人口预测方面，新华社、《人民日报》都发了消息，1980年，中共中央书记处委托中共中央办公厅连续召开五次人口座谈会，从3月开到5月，先是在中南海，后来到了人民大会堂，后来在中南海勤政殿形成文件。我当时参加这个座谈会，并且受命起草上交中央生育部门的报告，会议讨论一个中心问题，即我们控制人口增长、提倡一个夫妇生一个孩子的可行性，可能碰到什么问题，以及如何具体实行。之所以讨论如此之久，是因为会上大家提出不同意见，然后组织人员进行论证，有了初步结论后再开第二次会，如此循环直到得出最终结论。会议肯定了我国控制人口的必要性和重要性，但在一些问题上存在分歧。有人提出对人口进行严控，也有人提议将人口问题作为一项长期工作来抓，喊出“一百年也不为过”的口号。对此多数人并不赞同。会议着重研究了一对夫妇生一个孩子可能产生的问题，重要的有如下几个：

第一，提倡生一个孩子之后，会不会对全民族的智商产生影响。当时一位有关部门的副部长在发言中就提到，老百姓中流传着一句俗语“老大憨”，意思是第一个孩子比较憨厚，老二比较聪明，但是最聪明的是老三，也就是俗语说的“猴三儿”。如果一对夫妇只生一个孩子，会不会有全民族成了“老大憨”的可能。最终，大家通过各种事例分析否定了这种假设。首先，从国外理性的实际数据来看，美国飞行员中，第一个孩子占的比例为40%，显然不符合“老大憨”的俗语。其次，从感性层面来说，“老大憨”的说法来源于中国实际。作为第一个孩子，大多担负着照顾弟妹的责任，形成了他们宽容大度的性格，所以表现得比较憨厚。

由此可见，这种说法虽然存在，却没有科学根据。1980年，改革开放刚刚起步，用邓小平的话讲就是“摸着石头过河”。虽然当时具体的改革规划还没有提出，但经济学界的人都明白，过去高度集中的计划经济已经走到了终点。市场经济呼之欲出，商品经济的提法虽然还没有正式出现，但经济学界基本达成了共识要开始搞商品生产。人们对于孩子的期望值和过去不一样，这样必然影响人们的生育观念。当时虽然没有“小三”等类似问题，但是实行商品经济以后，潜移默化地影响人们的婚姻和生育。离婚率升高、未婚先育这些现象肯定会出现。而这些问题在现在已经屡见不鲜。

其他被讨论较多的问题还包括一对夫妇只生一个孩子会不会出现劳动力短缺，会不会老龄化过于严重，会不会人口出生性别比失调，会不会引起其他问题等。这些问题在中国都不同程度地存在着，对于如何解决，会议经过反复的论证和修改，最终达成共识。提倡一对夫妇生一个孩子，既非权宜之计，也非永久之计。如果短时期坚持，未见成效就放松，时间久了收效不大。但也不需搞50年甚至80年，这应当是一定时间内的特殊政策。所谓“一定时间”，理论上是指控制住一代人的生育率，一代人一般25年左右，最多不超过30年，一代人控制好了，到下一代的时候，做父母的人减少了，我们就可以有效控制人口增长。到第二代时政策就可以有条件放开。所以最终起草的报告得出这样的结论：关键是控制一代人的生育率。

我手头仍保留着这份报告，包括论证的材料，这从《公开信》上也可以看得见。1980年9月25日，《公开信》提到：“提倡一对夫妇生一个孩子，到25年、30年过后，人口形势发展了变化，也就可以实行新的生育政策。”里面虽然没有讲要实行什么样的政策，但可以看出当时的初衷就是这样。当时参加座谈会的主要是中央和国务院部门的领导，另外还有一部分自然科学、社会科学的专家。但是后来专家越来越少，最后甚至只剩下一两个人，所以最后讨论形成的文件，真正知情的人并不太多。与现在中央起草文件大家一起讨论一起记录不同，当时大家讨论，只有我一人负责记录。到2005年时，我意识到作为最知情的人，是时候把这个问题讲清楚了。到30年的时候，我更加意识到了问题的紧迫性。2009年12月4日，《人民日报》公开发表了我的文章《新中国人口政策回顾与展望》，文中提到调整现行人口政策的必要性和重要性。30年的实践证明，我们现在应该恢复初衷，这是需要特别强调的。

关于生育政策，我有三条建议。第一，“双独生二”，即夫妻双方都是独生子女的家庭可以生两个孩子。第二，“单独生二”，即夫妻双方一方是独生子女，另一方不是，也可以生两个孩子。第三，“限三生二”。我们具体的生育政策由各省、自治区、直辖市人民代表大会常务委员会制定，根据《宪法》这一规定，除了人口较少的少数民族以外，凡是能够保证不生第三个孩子的省、自治区、直辖市就可以普遍生两个孩子。现在我们正进行到“单独生二”这一步骤，中央改革决定也在2013年正式出台。

第二，关于“单独生二”对今后是否有影响这一问题，答案是肯定的，但是对于第二步的战略目标没有大的影响。我曾做过一项测算，实行这项政策的第一年，人口大约增加200多万，以后逐渐减少，增长的结果整体在第二步的战略框架内，不影响2030年前后实现人口零增长。本次“人口与生殖健康论坛”提出了很有意义的命题，如“单独生二”是否会导致集中生育，对生殖健康会产生何种影响，政策调整与生育健康的关系，人口素质提高和人力资本积聚等。山东社科院人口研究所周德禄也就二胎提出过方案，我曾借来看过，总体上还是不错的。

第三，增进健康人力资本。对于这个问题，应将视野放大来看。关于人力资本，现在一般的界定是人所具有的知识、技能、经验和健康的价值。稍微讲得跨度大一点，20世纪90年代中央号召干部读两本书，一本是《社会主义市场经济》，另一本叫《现代科学技术知识》。当时人们普遍认为人类历史有250万年，就在《现代科学技术知识》出版五六年以后，非洲发现了距今480万年人类的化石，我们国家也发现450万年前的人类化石，从此大家认定人类的历史在480万年左右。这480万年的历史，如何进行划分？大家知道划分时代不是按照你生产什么，而是按照你怎么样生产来进行划分的。像我们现在生产粮食，几千年以前我们也生产粮食，不同之处在于生产工具的性质不一样，按照这个标准划分经济时代，基本上可以分成三个时代：

第一个时代是手工工具时代。我们从森林古猿进化成人，最早的工具是木棒、石块，包括后来的锹、镐、犁、筐等都是手工工具。这个时代的基本特点是用人做工具，用人做动力。这个时代最长，在480万年中可以占90%以上。

第二个时代是机器工具时代。18世纪中叶，世界进行了工业革命，工业革命最重要的标志就是蒸汽机代替了手推磨，纺纱机代替了手摇纺车，这在1762年左右出现了。

第三个时代是包括当代宇航工程、生命工程、细胞工程等在内的智力工具时代。这个时代的工具不仅仅是我们体能的延长，有一部分甚至是大脑的延长，比如计算机的记忆、储存、思维功能。

这三个时代对应资本的作用在哪里呢？手工工具时代主要依靠自然资本，也就是自然的禀赋。机械工具时代主要依靠产出资本，也就是生产资本。而智力工具时代主要依靠的是人力资本，以及与人力资本相关的社会资本。我们今天所处的时代，要发展不是靠别的，主要靠的是人力资本，也就相应的社会资本。

以山东为例，山东省的行政区划基本上没有太大变化，而新中国成立后的50～70年代，大家走了弯路，山东也是这样。改革开放以来，中国经济发展的成就当中，人力资本做出的贡献，占到1/4～1/3。现在中国的城镇化率已达到54%，发展的关键是人力资本。现在的理论界，大家一谈到人力资本，就是人们受教育的程度、人们所掌握技能，而健康资本常被忽略。根据国内外的经验，不重视健康资本，人力资本就有很大缺陷，也不能够很好地发挥作用。

关于健康的含义，我们这次主要讨论生殖健康。世界卫生组织定义的健康不仅是没有疾病，还包括生理健康、心理健康和良好的社会状态。由此可得，在人力资本里，我们应该把“单独生二”政策纳入国家的发展战略当中去考察。

最后，我们不仅要注意生育当中的健康，从整体上看，还要注意年龄。在不久前出版的一本书中我就提到，我们的健康要注意PK四种年龄。

第一要淡化自然年龄。《论语》教育我们要向圣人学习，所以淡化自然年龄这一点对我们中国人来讲非常重要。

第二要激活生理年龄。健康究竟是靠运动，还是靠静止，这个有争论。最基本的是科学运动，生命在于合理运动。

第三要平和心理年龄。不要老是怨天尤人，什么事都不满意，要平衡。俗话讲，退后一步天地宽。

第四要践行社会年龄。一个人对社会、对国家、对人民要尽己所能地贡献，这能造就健康。我所讲的广义的健康，可以这样认识。

高龄生育风险和对策研究[①]

陈子江

①据陈子江教授在“人口与生殖健康论坛（济南）”上的演讲整理而成。

作者简介：

陈子江，著名生殖医学专家，国家辅助生殖与优生工程技术研究中心主任，山东大学副校长，全国妇科内分泌学组组长，中华医学会生殖医学分会副主委，国际奥委会（IOC）医学委员会专家组成员，国际生殖学会联盟（IFFS）副秘书长，世界卫生组织（WHO）合作咨询专家。

擅长妇产科学、生殖内分泌学和生殖遗传学临床诊疗与科学研究，主要学术成就与荣誉：创建和应用人类宫腔配子移植术、多囊卵巢综合征超声微创治疗术等辅助生殖技术；创建我国该领域唯一的国家工程技术研究中心和教育部生殖内分泌重点实验室；建立了国际上最大的生殖障碍疾病资源库；牵头完成我国卫生行业标准两项：多囊卵巢综合征诊断标准、不孕（育）症诊断标准；主持973、863、卫生行业重大专项等项目，获国家级奖励3项，发表SCI论文150余篇，主编论著与教材多部。

各位专家，各位领导：

我非常高兴来参加这次“人口与生殖健康论坛”。我认为这个论坛创建得非常及时，尤其切合我们国家目前的生殖健康状况（一方面，生殖健康的问题普遍存在；另一方面，也就是田雪原老师讲述的中国人口政策的变迁）以及中国人口发展的特点。我是一个医生，所以我想从医学方面跟大家一起探讨目前我国出台的“单独二胎”政策以及高龄生育问题。我想从高龄生育风险和对策方面同大家进行讨论。

我的演讲主要包括以下两个方面：一是高龄生育人群目前发展变迁的情况，在这部分我会给大家分析一些科学的数据；另外就是高龄生育所面临的风险以及我们目前的对策。

第一，从我国来看，高龄生育年龄是逐年增加的。这首先表现为生育年龄延迟，其次表现为过去一些如肿瘤这样致死的常见慢性病，由于医学的发展，患者的生命得到了延长。另外，从2014年开始的国家“单独二胎”生育政策的放开，带来高龄生育年龄逐年增加的问题。相关科学数据显示，从1970年到2006年这30多年，女性首次生育平均年龄推迟了5.5岁。这是全部人口的数据，社会越是发展，生育年龄越是推后。

这项政策我们从很多年前就开始推行了，也有了一定成效，究其原因：一是政策倡导晚生育。我国有准生证的规定，没有准生证到正规医院来做辅助生殖是不行的。虽然我国规定女性的法定结婚年龄是20岁，但是并不是所有20岁的女性都能拿到准生证，计生部门发放的时候有一定的比例和限制。另外一个原因就是工作的压力，职业女性的生育年龄往后延迟。这个问题在国外并不突出，而在中国由于生活方式的改变，女性愿意参与社会活动，不愿意被家庭的琐事限制，人们更倾向于晚生。这是生育年龄的变迁，是普遍现象。

第二，肿瘤。不要小看肿瘤，过去很多人二三十岁很年轻就去世了，就是因为他患了肿瘤。至于现在的肿瘤发生率，据最新的美国NH统计数据（花费几百亿美元研究了二三十年的时间）表明，并没有明显的降低。但是由于医学技术的发展，我们治疗的手段先进了，肿瘤不再是非常可怕的不治之症，多数的肿瘤患者是可以生存下来的。而肿瘤患者愈后的改善、育龄期高发疾病，都可以实现生育。以乳腺癌为例，现在检查手段先进，病情被发现得及时，很多恶性肿瘤得以治疗甚至治好，使得患者实现生育。但这些病人在治疗期间是不能生育的，因为生育期高雌素会引起病情的加重，我们一般建议患者病愈以后间隔一段时间再生育。因为这个原因，一部分患者怀孕时间推后了。

田雪原老师之前的演讲是从国家政策层面出发，讲得非常好。他分析出我国在“双独二胎”政策开放的情况下人口会增加多少。如果“单独二胎”政策放开会增加200万左右的人口，并不是很多。进一步的问题是，如果政策放开了，有多少愿意生二胎？根据媒体报道，大多数受访者表示愿意再生一个孩子，原因是他们觉得一个孩子太孤独。这种意愿导致的一个新的问题是有些40岁以上的符合条件的夫妻也想生二胎，因此到我们医院来咨询。像今天送一个病人去做超声波检测，在排队的时候病人和我聊天，说他们在医院治疗受孕的成功率真高，刚遇到一个病人44岁都怀孕了。其实我当时内心一阵担心，44岁怀孕，后面风险太大，会面临出生缺陷、孩子的健康、孕妇的健康以及生产过程中的众多问题。年纪相对较大的孕妇怀孕，对家庭而言是件好事，但从社会角度来讲，这是比较大的麻烦，具体的情况我会在下面讲到。

如果女性到了40岁以上想要马上怀孕生产，即使她这些年采取的避孕措施是使用节育器，吃的避孕药非常少，这个群体的生殖健康感染问题依然是非常普遍的。如果媒体朋友周一上午去看医院门诊，6点钟已经有很多人排队，我们是8点钟上班，7点钟医院已经被围得水泄不通。如果病人等8点钟我们上班了才去，电梯已经上不去。这么多病人能说明一个问题，就是不孕不育逐年增加。这并不是患者翻倍，而是积累的问题。虽然我们已经实行了晚育政策，但实际上通过调查可知，年轻人开始性生活的时间一点没有延后。今天我们这么多在这个领域知名的专家、社会学家可以借这个论坛一起研究一下这个问题。很多患者来看不孕症，其本人认为是原发性不孕，其实通过检查发现都是继发性不孕。我曾经会诊一个刚结婚的病人。按照病史来讲，婚后一年不孕就可以诊断为不孕症了。但她说她婚前曾经流产了九次，夫妻性生活很少。由此大体可以猜测她不孕的原因：一个是感染。所有感染都是通过性生活传染。第二，她在结婚前生活不规律，很可能有不洁净的性生活的持续。另外，她的避孕知识有限，避孕做得不是很好，增加了意外怀孕的几率。

回到刚才我们探讨的问题，根据国际权威报告，高龄孕产妇的比例逐渐增加，而且正如前面讲到的那样，不孕不育也在增加，按照2012年的报告是12.5%。我们也曾做过这方面的调查，最初我们在日照地区、济南的一个区、章丘的一个村进行抽样，但整体抽样抽到的没有年轻人，所以很难做不孕不育的调查。后来我们又做了广东的调查，把数据报到北京，但他们说数据不对：怎么一个地方的不孕率会达到40%？原因很简单，按照世界卫生组织的教科书的界定，两年规律的性生活、同居，没有怀孕的就是不孕症，现在这个时间变成了一年。时间缩短了，继发性不孕多了，比如说流产后想要孩子短时间内不容易实现，这也算不孕症，所以不孕率就高了。

还有一个问题不得不提到，就是社会精神压力。大约50年的时间，男子的有效精子总数降低了50%，这个数据是非常可怕的。造成这种下降的原因，主要是大气的污染、生活方式改变，这算不算是人类自己在退化很难界定，可以肯定的是，这些都是事实。世界卫生组织新的标准直接降到1000万个每毫升，这个标准非常低。现在我们制定行业标准的时候，世界专家讨论认为1000万个每毫升也能生，而在我上学的时候这个标准是4000万个每毫升，后来变成了2000万个每毫升，目前处于持续下跌的走向。另外，这1000万个每毫升的精子里有多少正常的呢？只要有5%的形态正常就算是不错的水平。虽然出现这种情况也是受外界的干扰，是我们饮食和生活方式的反映，但一定程度上说人就是在退化的。所以说，我们说拯救生命，就是拯救中华民族，我们共同的愿望是中华民族要繁衍得很旺盛，繁衍得很正常。

实际上，我非常赞成开放“单独二胎”政策，因为在农村生二胎已经是事实了。根据我们的调查，真正不想要二胎的大部分是高学历知识分子，经济好的家庭反而不要。人口计划生育对人类做出了很大贡献，但是这是有选择性的，高学历知识分子执行计划生育政策是最好的。比如我有同学在县城都生两个，而我到贵州去做志愿者时发现他们仍生七八个。这种选择性的政策，我也希望我们的人口学家和计划生育专家进行进一步的研讨，因为这涉及中华民族人口质量的问题。我的工作是辅助生殖，也就是让不能生育的家庭拥有一个孩子，因为一个没有孩子的家庭，确实有很多问题。

即使我们帮助高育龄产妇生育，她们也面临风险。首先是生育率下降。女性卵子细胞从35岁左右开始走下坡路，而在这之前质量比较好。现在，女孩子的青春期提前到了12岁，甚至是12岁之前，性早熟定义在8岁或者9岁，都在涨，这算正常。青春期5年以后，应该是最佳的生育年龄，我们不得不说，从遗传学的角度来看，女孩子生孩子的最佳年龄是16~18岁。

另外，高龄生育会导致自然妊娠率下降，流产率升高。这里说的“流产”是自然流产，其中虽然有疾病导致的自然流产，但大部分就是自然选择。由于高龄造成精子和卵子形成的新生命太弱，留不下来，其中的主要原因是卵子的老化和遗传物质的变异。所以根据研究，孕妇超过35岁，新生儿死亡率明显升高，尽管现在医疗手段进步，孕产妇死亡率和新生儿死亡率降低了，但不能否认的是，随着年龄增高，尤其是孕产妇到了40岁，她们和新生儿的死亡率已经是低于30岁的孕产妇和新生儿死亡率的两倍了。

高龄生育还会造成胎儿畸形形成率的增加。我曾做过统计，唐氏综合征、染色体结构异常、倒位、数目异常等造成的诸如先天愚型等胎儿畸形，这种情况10000个孩子里面有100多个。

除了以上三点，高龄生育也会引发产科并发症。因为孕产妇年龄大造成她们的骨盆、韧带存在一些问题，并延伸出并发症，这些并发症不但会影响胎儿正常发育，还会影响母亲的健康。即使孕产妇生出孩子，她也可能患上妊娠高血压，导致产科的一些问题，严重的还有可能中风、半身不遂，甚至脑出血等。

所以高龄生育所面临的风险：左边是生与不生产生的社会问题、家庭负担；右边是我们医学客观反映的上述问题；中间还有所生孩子的健康问题以及这种问题造成的经济负担。我们曾经计算过，多生一个唐氏综合征的孩子，社会负担增加100多万元甚至更多，家庭的幸福感更是会降低。

对于降低高龄生育的诸多风险，从医学角度出发有一个办法，就是辅助生殖优生技术。现在社会上的一些言论认为辅助生殖技术好，能够满足人们不论是男孩、女孩还是双胞胎，想生什么生什么的愿望。这种说法在某种程度上是不错的，但宣传辅助生殖优生技术的重点不在于此，这是一种技术的误导。社会上流传的另一种言论是辅助生殖优生技术的风险很大。有一个县长曾给我打电话说，北京的一个妇女干部培训学院的教授不建议做辅助生殖，因为他们认为借助试管婴儿技术出生的孩子将来不能生育。这也是不科学的。所以我认为我们应该客观地告诉人们辅助生殖是做什么的。

辅助生殖实际上是父母自己生自己的孩子，只是医生用手段干预了一部分，帮母亲完成生育的过程，对人类生殖细胞、胚胎进行一系列操作达到助孕的高新技术。诸如卵子和精子见不到，输卵管堵了，或者不排卵了，我们就把卵拿出来和精子放在一起，我们能做的是这样的工作。至于受精时怎么样，胚胎怎么长，这些都是母体自己完成的。很多人有疑问，试管婴儿是否是在试管里长的？显然不是，它只在体外待3～5天，之后仍然在他母亲体内生长，和正常生育是一样的，所以是安全的、可行的。所以完成第一例试管婴儿试验的爱德华兹先生被授予了诺贝尔奖。这种单纯因为一项医学技术而荣获诺贝尔奖的情况非常少，包括妇产科、儿科在内，这是唯一一个诺贝尔奖。在颁奖词里是这样评价的：正是因为有这样一项技术，使得千万个不幸的家庭获得幸福。这是社会问题，因为这项技术的存在降低了离婚率，也减少了家庭中丈夫对妻子的冷暴力甚至是暴力行为，这些没有孩子的家庭能够体会得到。作为医生来讲，很多病人央求我们，开始我们会劝他们好好生活，有没有是一样的，但是他们并不这么认为。我们作为旁观者也确实能体会到他们的痛苦，特别是在中国这个奉行“不孝有三，无后为大”传统的社会。所以全世界把诺贝尔奖授予了完成第一例试管婴儿试验的科学家。

另外，辅助生殖技术运用得当是可以帮助优生、减少出生缺陷的，这也就是我们所说的第三代试管婴儿。到目前为止，有多少孩子是通过试管婴儿这项技术出生的？2012年，美国学科报道的数字是500万，这个数字是不全面的，因为没有算上中国、印度等人口大国。而且这项技术诞生之初新生的孩子比较少，可能全世界一年只有几个，但是现在数量有了很大的增加，仅我们国家一年就有几十万试管婴儿出生，所以这个总数应该在800万~1000万。欧洲一些发达国家运用很多辅助优育手段，不只是试管婴儿，也包括人工授精等。有些北欧国家本国的试管婴儿量甚至占到总出生人口的1%~10%。希望研究人口的专家也能关注这部分人，因为如果这部分人占到了总人口的1%，就说明这已经是很大的一个群体，我们要关注他们的健康、他们的生活、他们的后代，看他们是否与正常的孩子发育得一样。这是一个大的科学问题，不论是作为专家、科学家还是医生都应该关注这个问题。我们的实验室就像造人工厂一样，我们自己的库里面存着10万个生命，我们每天在培养几百枚胚胎，在里面长着生命，那就是人。

我们的社会、决策阶层、学术界，还有相关的研究者是关注人口的生殖健康的时候了。媒体中的广告随处可见“不孕不育”、“代孕”、“捐助胚胎”这些合法或不合法的信息，因此我们特别需要对其规范管理。国家越来越重视人口的生殖健康，我也参与了专家组各种指南的制定，但这些只能规范我们业内，对地下隐藏的部分我们仍然无能为力。这就需要我们社会媒体的监督，大家一起来倡导正规的技术。以简单的人工授精为例，自己受精是第一代试管婴儿；不能自主受精的，我们选取精子往卵子里打，这是第二代试管婴儿；更先进的第三代试管婴儿是选取一个健康的、没有遗传病的细胞来尽心人工授精。这些技术都是国家准入的，是经过国家批准才可以应用临床的。为什么要严格准入条件呢？仍以试管婴儿为例，能做试管婴儿的女性中大于35岁、有不孕不育症的占到61%。高龄的问题我们在前面已经谈到，很难避免。即使是试管婴儿本身也存在风险。因为试管婴儿本身属于人工干预，将卵细胞拿出体外，营养液再好，也是人造的，这个潜在的风险是我们要去研究的。一方面我们尽可能模拟体内条件，创造一个洁净的、恒温的、避光的环境；另一方面将它所需的氨基酸、维生素都加进去。

接下来，我们重点介绍一下优生。先天缺陷儿出生率居高不下，我国至少已有90万~115万先天缺陷儿出生。济南有个报告，弃婴岛11天接受

107名残疾弃婴，这还只是一部分，因为不是所有的家庭面对这样的孩子都会选择遗弃。这说明出生缺陷是很大的问题，不是几个家庭独有的问题。我国新生聋哑孩子有3000万，其中有1500万是遗传造成的。凡是遗传导致的先天聋哑都可以用科学技术去阻断。我们与北京301医院合作，完成了国内第一例单基因诊断。我们用第三代试管婴儿技术做基因筛查，把父母身上的聋哑基因找到，然后做试管婴儿，做出来5个胚胎。这5个胚胎里有正常孩子和聋哑孩子，我们挑选一个不携带父母聋哑遗传基因的胚胎。因为孕妇还没有生产，所以我们没做新闻报道。这个家庭很困难，父母为了看病几乎不能工作，如果有一个聋哑孩子需要每天贴身照看，家庭就会在崩溃的边缘。帮助这个家庭拥有一个健康孩子，就能阻止其将聋哑基因传下去，它将不会再生聋哑孩子。优化民族素质就应该阻断不好的基因的下传，这就是试管婴儿单基因阻断技术。虽然现在国家很提倡这种技术，但是目前这种技术很受限，因为我们有上千种遗传病，常见病能做的只有五六十种。以乳腺癌为例，患者将乳房切除后，我们可以通过遗传学诊断使胚胎不携带这个基因。这种效果能完成到什么程度，要看我们国家的技术能达到什么水平。辅助生殖工程能通过优生达到少生的目的。

以前我们的准父母会进行产前诊断，通过抽血诊断胎儿是否健康，如果有先天缺陷的话就打掉孩子，这样来降低先天出生缺陷率。现在第三代试管婴儿技术就不用这样，我们可以做成胚胎，在怀孕以前就能知道孩子有哪儿好，哪儿不好，好的胚胎我们选取一个使用，剩余的保存起来形成胚胎库，或者卵子库，都可以保存。我们现在有10000枚卵，100000枚胚胎，这就是我们的胚胎库和卵子库。想要生二胎的家庭如果之前存了胚胎在我们的库里，就不用现场再做，直接从胚胎库里拿出一个溶了导入母体即可。

胚胎库还有一个作用，就是生育保险。对于女性来说，如果她突然患了妇科病、血液病、癌症或者因高龄等很难生育。我们可以将胚胎或者卵细胞通过科学技术保存起来，这样就能帮助她们在生病的情况下仍能生出健康的孩子。这一点对于男性同样适用。英国曾有一位男士15岁得了睾丸癌，20年以后，他把病前保存的精子拿出来生了一个正常的孩子，这就是男性生育率保存。再例如，有一位白血病患者化疗以后，大量的药物使生殖细胞遗传变异，容易生畸形的孩子。他39岁结婚后将之前冻的精子拿出来生出了一个健康的女孩。这样保存的精子没有化学药物毒害。这就是我们现在精子库做的冷冻。精子库相对胚胎库来说，技术也比较成熟。大名鼎鼎的邓文迪是济南人，默多克早年得睾丸癌时已将睾丸切除，她给默多克生的孩子就是通过这个生育率保存的方式实现的。生育率保存的目的是生育率保险，尤其适用于发达国家和采取计划生育的国家。军人、接触放射性物质等的高危职业人群也可以进行生殖保存，辅助性生殖可以帮助这些特殊的病人。

山东精子库是全国最大的精子库之一，山东人高大、漂亮，全国各省市都愿意用我们的精子。从生育率保存角度讲，这是为自己存，为以后用。2010年，进行生育保存的人比例大概是23%，后来提高到54%。这样做纯粹是为了自己，保存精子将来用，或者爱人出国以及将接受一些特殊的手术（如病毒性、放疗、化疗）的患者都适用。

总而言之，生育问题（尤其是国家性生育障碍性疾病）应该是国家的重要问题，也是全球的问题。世界卫生组织从2003年开始，第一次把不孕症列为人类三大疾病之一，与心血管疾病、肿瘤并列成为影响人类生存和健康的三大敌人。这些与民族的繁衍、优化与繁荣息息相关。性别比失调也将是一个问题，不但人类，动物界与植物界也是这样。

第二，人类辅助生殖技术，从现在看，是帮助人类解决不孕不育最有效的方式，目前基本上也是安全的。对于某些不安全的环节，我们应该通过未来的科研进行修正。留种子就是把根留住，这是保护人类的做法，是正确的认识。

第三，对于出生缺陷，应该正确认识它居高不下的现状。经过这么多年，我国出生缺陷率不降反升，如何能扭转这个情况？新生儿听力筛查、使用人工耳蜗、早期教育等都治标不治本，他们仍是残疾人。我们应当从根源上杜绝，不能让这样的孩子出生。为了聋哑病人，我们和301医院的课题组忙碌半年多，非常欣慰，因为这是有益于家庭和国家的研究。这项技术应该得到患者与国家的支持，因为优生优育技术现在基本都是依靠国外技术和器械，我希望有一天能看到国内的开发商。

我们通过这项技术进行预防性优生意义很大。做遗传工作既不挣钱，风险也大。面对的患者越多越要细致，所以国家政策方面应该引导和支持。做不孕不育能赚钱，是千秋万代民族大业，所以我呼吁我们的领导、专家，要把这方面工作做好，从人口质量出发，利用辅助生育技术将工作做好。

关于人口和生殖健康问题的一点思考①

李宏规

①据李宏规教授在“人口与生殖健康论坛（济南）”上的演讲整理而成。

作者简介：

李宏规，男，汉族，第九、十届全国人民代表大会教育科学文化卫生委员会委员、国家人口与计划生育委员会原副主任，北京大学教授，著名人口学家。

1987年，我国人口专家测算当时的世界人口是50亿，并将当年的7月11日定为世界50亿人口日。到现在28年过去了，今天的某个时间，世界第70亿人口诞生了。28年时间，世界人口增长20亿，因此对人口问题给予重视是非常必要的。今年的人口日是第25个世界人口日，重视人口问题，关心人口问题，刻不容缓，所以我们今天举办这个论坛是非常有必要的。我们的论坛主题被定为“人口与生殖健康”，是抓住了问题的脉搏，应该说人口与生殖健康是一个永恒的话题，所以我认为我们的论坛确定这样一个主题非常有意义。

生殖健康问题，涉及一个人的整个生命周期，特别是婚育这个年龄阶段。在过去的概念中，妇女生育是25~39岁这个年龄段，这是生育健康的重点。时至今日，这个时间段不但往前延伸，而且又往后推移了。生殖健康，在各个年龄段都至关重要。放开计划生育政策以来，尤其是2013年中央决定放开“单独生二”政策以来，生育健康问题有了新的内容和要求。我个人认为，放开“单独生二”政策是完全必要的，因为独生子女政策实行到今确实出现了一些问题，而且这些问题在政策提出的时候已经有所预见。家庭层面的问题、劳动力的问题、情感上的问题、养老的问题、子女教育问题，特别是近些年凸显的独生子女残疾和死亡问题，都对家庭造成了严重的伤害。所以我在全国人大曾提出一个提案，要通过政策解决独生子女伤残和死亡的补助问题。

伴随着独生子女逐渐增多，这个问题越来越突出，所以我认为放开“单独生二”政策完全必要，也非常及时。从1980年的《公开信》中指出“一对夫妇只生一个孩子，是今后二三十年，特别是今后一二十年的事情”算起，到今天已有30年的时间，所以说放开这个政策非常及时。放开政策的问题在20世纪80年代中期已有激烈的争论，一部分人认为应当坚持“一对夫妻只生一个孩子”的政策。等到20世纪90年代，我国妇女生育率达到了一定水平而生育意愿也发生改变后，才是提出放开生育政策的时机。进而言之，20世纪80年代讨论的是“生两个还是生一个”的问题，而现在“双独生二”已经允许，“单独生二”也已放开！而且我们往前看今后这种政策还会进一步更改。

“单独生二”政策放开以后，从正面效应看，它缓解了独生子女政策实施中出现的一些问题，对家庭的作用是积极的，社会也是可以承受的。但是放开以后，负面的问题也需要考虑到。

首先，因为育龄人数要增加，所以国家与社会的医疗资源，如孕产妇保健、产科的床位、新生儿与婴幼儿的保健等方面的压力也会相应变大，甚至有可能出现局部或者某个时段供不应求的局面。这样就会导致保健医疗质量的下降，可能会造成新生儿与婴幼儿死亡率的升高。生育政策放开后，一些高龄妇女会有生二胎的想法。过去，35岁算是高龄产妇，现在对这个界限也许要相应地做一些研究。所谓的“高龄产妇”，她们怀孕、保胎、分娩过程的难度肯定要上升。根据山东大学副校长陈子江的演讲，这部分高龄产妇的难产比例会上升，剖宫产的比例会上升，孕产妇的死亡率也会上升。在与国外同行的医学交流中我们感到比较骄傲，因为我们的孕产妇死亡率下降较快，新生儿死亡率降低也较多，这方面的指标比其他发展中国家要好，或者接近其他发达国家。最新政策推行以后，这方面的指标是否会反弹，多年避孕后再受孕、着床、生产，胎儿发育是否会受到影响等问题，对辅助生殖的要求会更多更高。

其次，政策的改变是否会使新生儿与婴儿的死亡率上升，出生缺陷的发生率提高？近些年来，我国在降低出生缺陷率方面也有较大成就，现在新政策出台，这些方面的数字是否会反弹需要注意。

第三，从社会层面讲，由于新生儿的增加数量具体数字不好掌握，托儿所、幼儿园等的需求量也相应增加，导致这方面的资源更加紧张了。这方面社会资源的供需有差距，这个问题也要考虑。

第四，政策的改变对人口结构的影响也是不能忽视的。

为应对二胎政策的放开可能会造成的一些问题和风险，我有几点建议供大家探讨。

第一，在医疗保健资源方面，要增加硬件设施，加强人员培训，提高服务水平。

第二，加强医疗资源建设的计划性，分布要合理。

第三，在保健资源方面要加强预测，公布信息，避免资源分布得过于集中，特别是中国人有这类习惯，例如某一生肖年不能生等。要通过交流信息，加强预测，使生育呈现均匀性。

第四，对于剖宫产的问题，过去是严要求，今后要更重视。对辅助生殖的技术，我认为未来要加强研究，特别是其中一些重点课题的研究。更重要的是要严格地掌握使用，对辅助生育的问题和辅助生殖技术的应用严格管理。

第五，加强宣传教育，提高人民群众，尤其是孕产妇夫妇的知识水平。要实现优生优育，舆论上的宣传必不可少。通过正确引导，使大家能够掌握知识。

最后，进一步加强生殖健康教育。现在青春期提前，性的科学教育要从青少年时期抓好。

关爱青少年，重塑价值链[①]

樊祥钦

①据樊祥钦先生在“人口与生殖健康论坛（济南）”上的演讲整理而成。

作者简介：

樊祥钦，男，汉族，人口导报社社长。

各位专家、学者从自己的专业角度就人口与生殖健康问题做了阐述，我从媒体行业从业20多年的经验出发跟大家分享一下我的心得。记者的使命与大家一样，坐在台下听专家们讲专业知识，我们做好记录，整理好，按照专家、学者所阐述的概念做好正确导向。陈子江教授在台下跟我讲，现在的一些观念和理念，其实大家是有误解的，而消除这些误解恰恰是我们媒体存在的意义和责任。

当今这个时代，大家都说是大时代——大经济、大发展、大变革，现在又讲大数据；同时这个时代又是一个小时代，我们都刷微博、看微信。不管大或者小，不可否认这都是一个转型的时代。面对着一个转型的时代，媒体应该传播正能量，关爱青少年，重塑价值链。

首先，媒体应当传播正能量。田雪原教授讲到了人力资本，其中一个方面就是指知识、技能和经验。我们媒体的使命就是传播价值。“生殖健康”这个概念，被社会反复地接受反映了社会人口的变化。而要解决这些问题，我们就需要做好对群众的宣传、引导和教育工作，特别是稳定低生育水平和群众婚育观念的改变，更需要突出宣传教育的作用，强化宣传教育的守卫意识。肩负舆论引导的责任，这是由大众媒体的特点决定的，更是媒体义不容辞的社会责任。媒体对舆论的影响，区别于文化的熏陶和直接的教育，它既是直接的，又潜移默化，更是全方位、全时段的。我们各类的报纸、杂志、广播、新媒体，因为覆盖面广，在带动群众方面有着不可替代的作用。它主要的对象就是公民个人，容易在人的思想中形成软的约束力，使得大众媒体成为推动生殖健康理念传播的重要力量。

宣传科学权威的生殖健康理念，一直是《人口导报》的一项重要内容。《人口导报》创建于1982年2月，是山东省唯一的计划生育报。我们办报的宗旨是三个面向、三个落实：面向社会，面向基层，面向家庭；落实计划生育的国策等。我们报纸旨在为全省公众和计划生育工作者服务，为城乡的育龄群众服务。我们有专门的生殖健康科普的宣传能力，多年来生殖健康科普宣传是我们宣传的重点，我们开辟了“优生指南”“产前产后”“少男少女”等一系列专版专栏，我们还有一支权威专业的科普作者队伍。除此之外，我们有广大的读者群体和读者的有效需求，在全省20多万的订户，开办了网络新媒体终端。报纸作为宣传品，进家入户成为妇女的学习教材；同时，面对现在新媒体的挑战，我们的工作也有很多改进。今天来了那么多专家、学者和兄弟媒体，大家有什么意见和建议，给我们提出来，这里是我们学习的好地方。

其次，媒体应当关爱青少年，帮助青少年树立健康的理念。2014年世界人口日的主题是“投资年轻人”，年轻人是祖国的未来，在中国14~24岁的人口大概有2亿，占我们总人口的16%。青少年的健康直接影响着未来的人口素质。调查显示，青少年现有的健康知识，很大一部分来源报纸、杂志、大众传媒。通过媒体播放宣传片和开设网络互动平台，使青少年获得更多的健康知识，帮助青少年树立健康的性道德、性观念，提高他们自我保健的能力，也是我们媒体义不容辞的重要职责。

再次，从媒体自身来讲，我们需要重塑我们的价值链。现在随着人口的老龄化，报纸的影响力相对越来越小，新媒体方兴未艾。但新媒体尚未找到合理的运营模式，我们的核心观点就是用新媒体的理念改造传统媒体，这是摆在我们面前的重要任务。媒体的生产分为四个相对独立的核心环节：内容的生产、内容的传输、广告的销售和终端的销售。面对新媒体的冲击，我们并不是束手无策，而是找到差异性手段，用差异化来实现自己的发展，整合新媒体的特点为我所用，重新建构自己的价值链。简单地讲，一个方面是就目前的发展趋势来看，总结并分析内容的重构、稀缺性的管理到资源的争夺；另一方面是渠道的投入，通过介入式的营销，实现效果和增值，拉广告的理念已不适时宜，实际上应该过渡到主动去为你的客户实现价值。传统媒体需要改变广告销售的模式来满足广告主，使其可根据自己的需要进行精准投放，提供跨媒体的服务方式。除此之外，媒体还要实现品牌的重塑，促进终端消费者的互动。短期的读者满意度往往取决于内容的吸引力，所以说媒体应该主动放下架子，进入市场，开展营销活动。其中很重要的一个方面，就是实施媒体的一个平台战略。之前媒体仅仅满足于传播信息，我觉得今天《齐鲁周刊》开展的这样一个活动就是很好的转变，媒体从单纯的传播信息转变为组织活动→组织平台→重塑价值。媒体平台战略就是报纸、广播、电视、新闻网站，通过积极主动地构建以用户为主导的平台，促进产业链的双方、多方联络交易，获取直接、间接的收益。媒体平台有这样几个特征：第一，主体是媒体本身的主要内容。第二，平台的基础是媒体有的公信力、影响力。第三，平台的中心是我们服务的客户。第四，平台的作用方式是联络、合作、交易。平台的关键是这个产业链条的所有客户，通过增进了解、增进感情实现共赢。这样做的根本的目的，就是在没有任何一方受损的情况下，实现各方的共赢。

在座各位专家，都是为健康、为幸福而奋斗的。台下那么多嘉宾，我们是致力于传播健康理念的人，最后我以马克思在青年职业选择中的一句话作为结束，“如果我们选择了最能为人类幸福而劳动的职业，那么，重担就不能把我们压倒，因为这是为人类而献身。那时，我们所感到的就不是可怜的、有限的、自私的乐趣，我们的幸福将属于千百人。我们的事业是默默的，但她将永恒地存在，并发挥作用。面对我们的骨灰，高尚的人们将洒下热泪。”

附录：圆桌对话

▲“人口与生殖健康论坛（济南）”现场

参与嘉宾：

陈子江　教授　　宋全成　教授

陆　军　教授　　樊祥钦　社长

裴丽君　教授

主持人：

李全伟　先生

嘉宾简介：

（陈子江教授、樊祥钦社长简介见前）

宋全成

男，教授，博士生导师。山东大学移民研究所所长、哲学与社会发展学院副院长、人口学研究室主任，中国人口学会理事、山东省人口与社会研究中心主任。主要研究方向为移民社会学、人口学、人口老龄化、人口政策、社会救助与社会保障、人口迁移与社会融合等。

陆　军

女，教授，中国医师协会副会长。

裴丽君

女，教授，博士生导师，医学博士。毕业于北京大学公共卫生学院流行病学与卫生统计学专业，主要研究领域包括人口、环境与健康，育龄妇女生殖健康，妇女孕期营养研究，出生缺陷与残疾的病因发生机理、预防及干预研究。主持国家自然科学基金项目、国家重点基础研究发展计划（973项目）子课题、科技部“十二五”支撑计划子课题、教育部社科基金等多个国家级和部级科研项目。

以下为内容实录：

主持人：2014年7月11日是第25个世界人口日，联合国人口基金将主题确定为“投资于青少年”。刚才李宏规先生谈到对青少年要积极进行人口生殖方面的教育，我特别有感触，因为我是一个7岁孩子的家长，孩子快步入青春期了，我准备就这个问题咨询一下各位专家、学者的意见：如何给孩子进行生殖方面的教育？想先请裴丽君教授谈一下。

裴丽君：好的，谢谢！感谢主办方邀请我们北京大学人口研究所来这里参加“人口与生殖健康”论坛。刚才主持人提的这个问题非常好。生殖教育、性教育的问题，也许对于很多家长来说，仍觉得是个不好开口的问题，但这是必须去面对的问题。我觉得现在的孩子越来越早熟，接触各种知识包括性知识的时间也越来越早，对孩子进行性教育应该尽量早点开始。早点与孩子谈论这些问题，从最基本的谈起。家长不谈孩子也会好奇，所以家长不要不好意思，更不能回避，要摆正心态，在日常生活中可以提早学习相关资料和书籍，这样会比较容易表达出来，孩子也会比较乐于倾听。

主持人：谢谢裴教授，您的建议让我们这些父母受益匪浅。北大人口研究所目前在人口健康领域发展非常迅速，请您介绍一下目前主要做了哪些工作。

裴丽君：北大人口研究所在近十几年的发展当中，尤其在人口健康领域发展非常快。我们从2000年开始连续两届承担国家课题组973首席项目，在出生缺陷病因、发病几率、预防与干预、胚胎的早期生长发育等方面，我们做了大量的工作，目前也取得了一些研究成果。另外，我们还在就环境污染与生殖发育安全问题进行积极的研究。

主持人：刚才陈教授的报告里也提到生殖发育安全问题，有很多方面我们的确还没有研究透，我个人觉得环境污染对生殖发育肯定会有一些影响，您现在最突出的研究成果是什么？

裴丽君：的确，环境污染与生殖发育安全的关系是非常大的问题，研究起来也非常复杂。我们通过一些地理分布分析、流行病学中的暴露研究以及砷、铅等有机物污染的研究，发现了一些重要的线索，比如室内空气污染、山西煤矿开采以后的燃煤污染等，都与胚胎发育畸形有一定的关系。

主持人：是不是会有一些明确的数据表明环境污染带来了很多问题？

裴丽君：是的，我们的研究数据已经发表在比较权威的国内外杂志上，并且评价很好。环境污染对于胚胎发育、生殖健康是一个很大的问题，也是非常值得关注的问题。把环境污染和生殖发育结合起来研究，从孕前开始监测，到生殖结束，其过程也就一年多的时间。

主持人：北大人口研究所从事这项研究有多久了？

裴丽君：十多年。在这个领域当中，研究内容涉及面非常广，我们希望有更多感兴趣的单位与我们联手一起研究。

主持人：好的，谢谢裴教授。相信通过今天的会议，会有非常多的单位认识了北大人口研究所，同时也关注到这个领域。接下来，我想就刚才提问的孩子生殖健康教育问题请陆教授谈一谈：您觉得从几岁起对孩子进行生殖教育比较好？

陆军：好的。我想从东西方国家的区别来谈一谈我个人的理解。在西方性教育中，早期性教育的内容主要是关于人类生殖系统、受孕，一直到新个体出生的历程等知识的传授。而我国传统的儿童性教育主要是帮助儿童形成性别意识。现在一些学校也开设性教育课程，课程内容一般是生理卫生知识。国外一些性教育工作者认为，性教育应从儿童抓起，美国等国家都将性教育的时间已经或准备提前到幼儿阶段。我国性教育一般是从初中阶段开始，在小学开设健康课，但基本上不会对儿童进行性教育。

主持人：从初中开始，十一二岁的时候。

陆军：是的，在十一二岁的时候，女孩子月经形成，男孩子精液形成、出现射精问题等，所以在这个时候一定要对孩子进行科学的生殖健康和性教育，如果我们不能正确引导，那孩子必然会通过其他各种各样的方式比如网络、报刊等途径获取，在这个过程中可能有些内容会误导孩子走上歧路。我是一名医生，我觉得职业医生应该向青年传播科学健康的生理观。每一个医生都应该是医学科普的传播者，这是一种社会责任。另外，我们更应该把生殖健康方面的科普宣传资料汇编成册，不仅仅通过报纸，要让更多的媒体参与进来，发挥媒体正能量，走入社区，走入学校，让孩子正确地认识和学习生理健康知识。

主持人：的确，对于医生来说，你们传授、宣传的内容，要比老师、家长、社会更可信、更科学、更严谨、更准确。

陆军：是的。

主持人：谢谢陆教授。刚才陆教授谈到了媒体的正能量，我觉得媒体责任很大，樊社长以前做过很多特别好的报道，涉及领域非常广，也做了很多年的记者，在人口生殖健康方面比较专业，请您分享一下。

樊祥钦：好的。我刚刚步入这个行业的时候，大家愿意做大众媒体，所以传播的点都是我们喜欢的综合性报道。但是现在媒体进入精准细分的时代，2014年世界人口日确定的主题又是“投资于青少年”，所以我个人觉得首先要了解青年人需要什么样的资讯，倾听他们的需求，而不是用我们传统的习惯，我们认为他需要什么，去给他灌输，这样不会有很好的效果。所以作为媒体应首先设身处地地了解青年人的需要，根据他们的需要提供我们的内容和产品，谢谢！

主持人：樊社长说得非常好，媒体要做得有趣味，适合青年人的口味，这样他们才愿意接受。宋教授您是做社会学研究的，请您从社会层面发表一下您的看法？

宋全成：今天举办的“人口与生殖健康论坛（济南）”的主题非常好，让我想起了2013年的一篇题目为《2013年的人口状况——笑容与妈妈，面对青少年怀孕的挑战》的报道。这篇报道公布了世界范围内的数据：发展中国家18岁以下的女孩，每年新增730万生育人口。按照这样的趋势，2030年将有300万15岁以下的女孩生育。在联合国大会上，联合国人口基金会对这方面给予特别关注。目前基金会公布的数据是每天有2万名女孩分娩，每年怀孕分娩的青少年达到7万，每天发生3.2万起青少年不安全流产，发展中国家19%的女性在18岁之前怀孕，其中18岁以下怀孕和生育者95%发生在发展中国家。这是一个非常严峻的问题。

主持人：从生理角度来说，青春期5～6年之后，是最佳的生育状态。

陈子江：我补充一下，生理性的性成熟和社会、家庭、受教育程度等决定的心理性的性成熟，是完全不同的两个概念。是否达到结婚年龄，是否可以生孩子，不同的国家对此都有法律上的界定，界定的依据来自于社会氛围、教育水平和不同的人种等。从医学角度来讲，只要性成熟就可以繁殖，生理上虽然成熟了，但心理上没有做好当妈妈的准备，没有工作能力，没有经济收入，没有社会身份和认可，我觉得仍是不具备生育的条件的。社会不是单纯靠生理性繁殖来向前发展的。

主持人：从医学和社会学、从生理和心理角度共同来寻找我们最合适的方式。

陈子江：所以我们提出的是涵盖生理和心理两方面的生殖健康概念。

宋全成：我非常同意陈教授的观点，生殖健康在1954年“世界人口发展大规划”中确定了六个方面的内容：一个是关于人们能否有满意安全的性生活；第二是有生育能力；第三可以自由和负责任地决定生育时间和生育数量；第四是夫妇有权知道如何获取安全有效和可接受的计划生育方法；第五是有权获得生殖健康服务；第六是妇女能否安全妊娠并生育健康婴儿。从这个意义上讲，我觉得生殖健康是涵盖了身体、精神、社会各方面的综合概念。除此之外，经济能力也很重要，在没有一定经济能力的时候，从他的教育甚至是从营养学的角度看，都不可能对这个孩子或婴幼儿有帮助。

主持人：这是这次《齐鲁周刊》联合山东大学附属生殖医院共同举办“人口与生殖健康论坛”深层次的意义。目前国家政策对继续生育有所放开，实施“单独二胎”政策之后，很多已经有孩子的育龄妇女非常冲动，想要第二个孩子。基于这样一个政策的变化，从专家的角度上，我想请陈教授给这些正在犹豫，或者想要二胎的育龄妇女几点专家建议。

陈子江：好的，谢谢主持人。人、家庭都是社会的组成部分。如果家庭在各个方面条件都允许，能够保证孩子的健康成长以及教育，我觉得多一个孩子是多一分开心。但对于40岁以上的妈妈，我们还是建议在决定生二胎之前应慎重考虑。从医学角度来讲，35岁以后卵子老化速度加快，会增加出生缺陷和孕产期并发症的发生风险。从社会学角度来讲，孩子尚未成年，父母就已进入老龄阶段。所以我们呼吁在决定生第二个孩子之前一定要全面、慎重地评估自身条件，必要时可向专家进行孕前咨询。

主持人：对于45岁的女士不建议生育吗？

陈子江： 是应慎重考虑！高龄妇女能不能生，作为医生主要是评估她的“生殖年龄”，通俗一点就是“卵巢年龄”，它和我们平常所说的生育年龄是不一样的。有些女人虽然年过40岁，但卵巢功能依然很好很年轻，像30多岁的。有些女性虽然年龄不大，但卵巢功能很不好，甚至完全没有排卵。所以我们建议有二胎生育意愿的高龄妇女可以到正规医院接受孕前的身体检查，专家会对她的生殖能力、生育风险进行系统、全面的科学评估，给出一个合理的建议。对于必须接受辅助生殖技术受孕的妇女，如果一个孩子都没有，尽管已经到了40岁，我们还是要适当地帮助她。对于已有一个孩子、年龄大又想接受辅助生殖技术帮助来要二胎的女性，我们建议慎重，主要是考虑出生缺陷和孕期并发症的风险。当然，现在的医学技术发展也为我们提供了很多保障，比如PGD（第三代试管婴儿）、产前诊断、基因筛查等技术，都是在为生育高质量的人口做贡献。作为专业的辅助生殖机构，不仅仅是帮助每个家庭生育一个孩子这么简单，而更应该去保证每一个家庭生育健康、高质量的孩子，这才是我们对国家、对社会的责任和使命！

主持人：谢谢，我相信您这个建议是特别有价值的。裴教授在高龄产妇方面、不孕不育方面做了很多研究，请您谈一谈。

裴丽君：我们的生育观念应该随着科技的进步、经济的发展发生一些改变，我了解到山东大学附属生殖医院生殖中心的门诊量相当大，工作负担也很重，甚至有50岁的妇女来做试管婴儿。这种想拥有第二个孩子的想法是可以理解的，但是应该考虑到一些潜在的问题，比如陈教授讲到的高龄风险、出生缺陷等，虽然目前试管婴儿技术比较成熟，但我觉得还是应该慎重。

主持人：现在已经到了第三代了。

裴丽君：是的，我一直在研究出生缺陷，我们的研究对象是全人群，即自然怀孕的人群。通过辅助生殖出生的孩子的生殖缺陷，是不是发生率比自然人群还要高？另外，孩子的后续安全问题以及远期效应和远期的影响，应该有人去关注。陈教授做了非常有前景的一件事情，那就是建立比较大的辅助生殖队列研究，我非常支持陈教授做这件事情。

主持人：说得非常好，希望裴教授和陈教授强强联手，把这个事业做得更棒，做得更好。

陆军：主持人，我提个建议，比如说现在转基因食品被炒得沸沸扬扬，有褒有贬。究其原因是我国有关部门拿不出一个让老百姓心服口服的最权威的数据出来。现在讲的生殖健康问题也是一样。对于45岁以上的夫妇的生育问题，能否通过卫计委这样一个组织，把全国研究辅助生育的机构和专家聚在一起进行回顾性的调研分析，把研究成果、科学数据对外发布，向社会发布，向青年人发布，让他们了解在什么情况下生孩子、孩子的健康情况，同时也告诉高龄的夫妇们，帮助他们作出正确的选择。

主持人：陆教授的意思是如果有一个官方权威性的数据和宣传，会对社会、青少年宣传推广和普及教育都行之有效？

陆军：是的。这个工作靠一家单位、一个组织是很难得到最科学的数据效果的。我觉得卫计委可以做，我们也可以从中国医师协会的专业角度参与一些工作。总而言之，通过科学的数据，向我们的社会、青少年、家长，还有向育龄夫妇们传播正确的观念，让他们走出困惑，作出正确的选择。

主持人：我们新闻媒体也希望有这样的状态和情况。

宋全成：媒体在这方面的确会发挥一定的作用。今天举办这次论坛，我想重要的意义是把各方的资源，从医学角度、社会角度、其他角度汇聚起来，让大家理解和选择。同时，借此机会让媒体和专家建立长期的联系，媒体获得专家的指点，做好今后的宣传报道。

主持人：好的，非常感谢刚才各位嘉宾针对人口与生殖健康问题进行的讨论。接下来，我们把时间留给观众，看看大家有没有问题。

以下为现场问题提问环节实录：

主持人：我们放开“单独二胎”政策，很多人不愿意再生，因为我们已经步入老龄化社会，未来会不会全面放开“二胎”政策？这个问题请李主任回答一下，谢谢。

李宏规：会不会全面放开“二胎”政策要看当时的社会情况，比如人口发展情况、经济发展的情况等才能够下结论。但我相信随着我们国家的发展，有利于大众的政策将逐步推行，谢谢。

宋全成：我想，人口政策的调整取决于多种因素，比如人口老龄化问题、劳动力结构、年龄分布数和劳动力转变，还有养老保障等。这些问题在共同影响人口政策的调整，最终决定是否放开“二胎”政策。截至2013年12月，中国的人口老龄化已经到了非常严重的程度。60岁以上人口总量2.02亿，占总人口10.3%。如果我们不做人口政策的调整，到2050年，老龄人口将占总人口的30%，可以说我们现有的养老保障体系难以支撑，所以人口政策的调整是多种因素综合作用的结果。

主持人：好的，谢谢。《南方周末》2014年一篇报道说河北某地发现当地人出现很多不孕不育的患者，当地连老鼠都不生，怀孕的母猪肚子里全是水，而当地在种植转基因作物，大家觉得有关系吗？陈教授，您对这个现象怎么看？

陈子江：我认为首先要质疑这个报道的真实性。怀孕的母猪肚子都是水是不是转基因食品导致的？我个人理解，还不至于。但是有一点，大环境的改变比如环境污染肯定对人类健康是不好的，不仅会导致疾病，对生殖健康的影响更大。因为生殖细胞跟随人的一生，从胚胎期形成卵巢，一直到青春期，再到胎儿早期的胚胎发育，生殖细胞越年轻，对环境因素的改变越敏感。所以说某个地方如果真的受某种农药污染或者大气、水被污染，这些因素都是很关键的。在动物与植物的生殖健康都受到影响的情况下，人也一定会受到影响，但是不是转基因作物导致的，我们没有证据。

裴丽君：这是非常复杂的问题。这种现象跟转基因植物是否有关，到现在还没有明确的证据。陈教授讲得非常好，可以做一个动物实验去验证，我们才有数据去说这件事情；否则，光凭一个简单的报道，我觉得不能说明问题。

陆军：我非常支持裴教授的意见，至少我们学术界没有把这个问题炒得很离谱。拿低概率问题甚至完全没有被证明的问题做虚假宣传，这种做法是完全不应该提倡的。就像前一段时间，大家在疯传一个虚假新闻——医生去抢救产妇，倒过来还被罚款的事件一样，医生反应非常强烈，结果发现是一个假新闻。所以我想借着这样一个机会，告诫我们媒体界的各位朋友，我们医务工作者发表每一篇文章来宣传科学、非科学的东西，当影响到科学争与论的时候，是非常严谨的，这是我们的职业道德。我们坚决反对不良医生夸大自己的治疗效果，夸大自己的职业范围，一旦发现，我们就要把违规者列入黑名单。所以新闻媒体对不科学的宣传和夸大的报道是否也将其列入黑名单，让大家共同打造好的、正能量的宣传？谢谢。

主持人：最后一个问题也是我特别关心的，针对中小学生健康教育，中国和欧美有什么差别，请陈教授谈一谈。

陈子江：刚才陆教授也谈到了东西方的区别，在我们的教育中启迪教育多一些，公开性少一点。父母应成为孩子性教育的第一位老师，之后才是学校教育和社会教育。不论孩子在哪个阶段，只要孩子提出和性有关的话题，父母都应该给予正面、阳光的回答。随着现在孩子的营养水平提高，他们性成熟的年龄也在提前。如果没有在性意识启蒙前启动性教育和生殖健康教育，孩子势必会通过其他途径例如通过网络来了解，这样反而容易出事。我们可以借助不同的教育形式和教育方法，对不同年龄阶段的孩子进行性教育，如动漫、卡通片、漫画书、录像等，这在西方全是公开的。如果媒体能够配合，从医学、教育、媒体各界关注这个问题，效果会完全不同，而不是简单地依赖生理健康课，那样孩子听不懂。

主持人：老师也讲不懂。

陈子江：老师也不想讲懂，也无法联系实际。有的女孩八九岁就开始成熟，男孩子得到十二三岁，有的男孩子16岁还不是很懂事，如果能有一个开放的媒体平台，找到自己想要的性知识，即使8岁想看11岁的东西，我觉得也未尝不可，因为我们给他的是正面的、健康的知识。

主持人：非常感谢台上五位教授和专家，再次感谢台下的嘉宾和领导。今天是《齐鲁周刊》联合山东大学附属生殖医院共同举办的主题为“人口与生殖健康论坛（济南）”活动，我们希望今后多举办几次这样的论坛，这对我们的学术教育和研究有非常大的帮助。在这里我对与会所有的人表示感谢。我非常高兴地宣布，我们今天的论坛到此告一段落，更多的研究，希望大家在会后加强沟通和交流，把我们的人口与生殖健康方面的工作做得更好，谢谢各位！